CULTURA MASÓNICA

Revista temática de francmasonería

(Desde 6009 VL)

CULTURA MASÓNICA es una revista trimestral de carácter temático en formato libro. En cada número se aborda en profundidad un aspecto de la masonería de la mano de auténticos especialistas en la materia. Su rigurosidad a lo largo de años de trabajo metódico y puntual la han convertido en una de las mejores publicaciones de masonería del mundo.

CULTURA MASÓNICA
Revista temática de masonería

N.º 63 | Octubre 2025

Diseño y maquetación:
ERA | ALTA RESOLUCIÓN EDITORIAL

Ilustración de cubierta:
La Francia católica atacada por los masones.
Dibujo de Achille Lemot para el periódico
Le Pèlerin, 12 de octubre de 1902.

Al servicio de la
FRANCMASONERÍA UNIVERSAL

© Editorial MASONICA®
www.masonica.es

ENTREACACIAS, S.L.
[Sociedad editora]
  c/Covadonga, 8
  33002 Oviedo-Asturias
  (España)

    info@masonica.es
    pedidos@masonica.es
    admin@masonica.es
    redes@masonica.es

ISSN: 2171-1968
ISBN (edición impresa): 979-13-87560-53-9
ISBN (edición digital): 979-13-87560-54-6
Depósito Legal: AS 00238-2021

Impreso por Podiprint
Impreso en España y América Latina

© Reservados todos los derechos

SUMARIO
Año XVII / N.º 63 / OCTUBRE 2025

editorial
ANTIMASONERÍA
Mitos, fantasías y censuras

Uno de los temas más complicados de tratar es el de la leyenda negra de la masonería. Esto es similar al de otras organizaciones, caso de los Jesuitas o el Opus Dei. Incluso podríamos incluir la leyenda negra española, en ese empeño de querer colgar el sambenito de todos los males de Hispanoamérica a España, e incluso inventar hechos que nunca tuvieron lugar.

Algo semejante le ocurre a la masonería, que en ocasiones es vista como la madre de todos los problemas que asolan a nuestro mundo, generadora de crisis, guerras, control de la economía y un largo etcétera. Curiosamente, en ocasiones, cuando se intentan explicar las falacias sobre el pasado Imperial español, se genera una leyenda rosa, igual de falsa, que acusa a la masonería de estar detrás de su leyenda negra.

En cualquier caso, todos los improperios que alegremente se han vertido en contra de la masonería son fácilmente refutables. Otra cosa es que se quiera atender a razones, pues raramente alguien que cree algo a pies juntillas deja de hacerlo por el simple hecho de aportarle pruebas. Las creencias pertenecen a un registro emocional, atañen a sustratos profundos de la mente, y son difícilmente combatidas. El sesgo de confirmación, tal como indica la moderna psicología, hace que las personas tiendan a atender a aquellas noticias, datos e informaciones que validen sus creencias. Hay que hacer un ejercicio de voluntad más allá de lo habitual para poder salir de ese espacio; dejar nuestra verdad personal, para ir a la realidad tal cual es.

En este número intentaremos poner nuestro granito de arena para combatir las falacias vertidas contra la masonería. No vamos a poder hacerlo con todas, pero sí con las más conocidas, tanto en lo que atañe a nuestro país como al resto del mundo.

Para ello presentamos varios de los tópicos en relación con este asunto, exponiendo claramente, y con argumentos, la realidad que hay detrás. Como decimos, algunos quedan en el tintero, quizá en una próxima ocasión los volvamos a tratar, pues merece la pena que todo esto salga a la luz. ⚜

DAVID SUÁREZ DORTA

Javier Alvarado Planas es catedrático de Historia del Derecho y de las Instituciones en la Universidad Nacional de Educación a Distancia, doctor en Derecho y doctor en Ciencias de la Documentación; Académico correspondiente de la Real Academia de la Historia y también de la Real Academia de Jurisprudencia y Legislación de España. Es director de diversas colecciones en editoriales (Dykinson y Sanz y Torres) y forma parte del consejo editorial o de honor de varias revistas científicas. Ha recibido diversos reconocimientos, como el Premio Nacional de Historia (compartido) otorgado por el Ministerio de Cultura en 2009. Es autor de más de un centenar de libros, monografías y artículos en revistas científicas especializadas dentro y fuera de España (Alemania, Italia, Inglaterra, Bélgica, Portugal, Rusia, México, Puerto Rico, etc.). Es el creador y director del Museo Virtual de Historia de la Masonería de la UNED. Entre sus libros cabe citar: *Heráldica, simbolismo y usos tradicionales de las corporaciones de Oficio; las marcas de canteros*, Ediciones Hidalguía, Madrid, 2009; *Masones en la nobleza de España*, editorial La esfera de los libros, Madrid, 2016; *Monarcas masones y otros príncipes de la Acacia*, editorial Dykinson, Madrid, 2017, 2 volúmenes; *Templarios y masones: las claves de un enigma*, editorial Sanz y Torres, Madrid, 2019; *Apercepciones sobre la iniciación masónica*, editorial Sanz y Torres, coedición con MASONICA, Madrid, 2019; *El Ceremonial de armar caballero y otros estudios*, editorial Sanz y Torres, Madrid, 2021; *René Guénon, testigo de la Tradición. Introducción a las Obras Completas*, editorial Sanz y Torres, Madrid, 2023.

FUNDAMENTO DE LAS CRÍTICAS A LA MASONERÍA

Javier Alvarado Planas

En este trabajo analizaremos las acusaciones que se han vertido sobre la masonería regular, entendiendo por tal aquella que, *al menos,* prohíbe en sus logias todo debate sobre materias políticas o religiosas. A estos efectos vamos a tratar este asunto *desde el punto de vista de la coherencia interna del discurso masónico.* Las acusaciones que pesan sobre la masonería[1] pueden clasificarse en *débiles* y *fuertes.* Entre los motivos *débiles* o infundados hay que citar las acusaciones de:

1º.- Ser una sociedad secreta.

2º.- Adorar al Gran Arquitecto del Universo como un dios masónico.

3º.- Conspirar contra la Iglesia católica.

4º.- Alentar un contubernio judeo-satánico-comunista.

5º.- Fomentar el relativismo, indiferentismo y sincretismo religiosos.

6º.- Practicar el deísmo y una religión natural.

Entre las causas que, en nuestra opinión, constituyen razones *fuertes* o fundamentadas que prueban las contradicciones del discurso masónico estudiaremos:

1º.- Los términos atroces del juramento masónico.

2º.- Ciertos temas de los altos grados como la venganza hiramita y templaria.

3º.- El argumento de la cruzada contra el islam desarrollado en ciertos altos grados.

4º.- El contenido deísta de algunos altos grados.

5º.- El contenido político de algunos altos grados.

Pasemos a estudiarlos.

---

[1] Sobre este asunto hemos tratado en Javier ALVARADO, *Monarcas masones y otros príncipes de la Acacia,* Madrid, 2021, pp. 300-386 y en *Apercepciones sobre la iniciación masónica,* Madrid, 2019.

I.- Acusaciones infundadas contra la masonería

1º ¿Sociedad secreta o sociedad con secretos?

Ya en los primeros años de existencia de la masonería, diversos Estados soberanos, seguidos al poco por la Iglesia católica, la prohibieron porque celebraba asambleas sin la debida autorización del gobierno. Por su parte, la primera bula condenatoria de la masonería promulgada en 1738 consideraba sospechosos tanto el juramento de secreto como la misma fórmula del juramento. Bien es verdad que, tras la llegada de los regímenes liberales o constitucionales, no habría ya nada de censurable en la existencia de un juramento de secreto. Nótese que, en su condición de asociación civil legalmente establecida en la mayor parte de los países democráticos del mundo, la masonería no constituye en puridad una sociedad secreta sino, más bien, una sociedad con secretos, entendiendo por tales, por ejemplo, sus rituales. Tales secretos han de ser respetados, de igual modo que también existe un deber y derecho de secreto o confidencialidad que afecta a otras personas o instituciones por mor del derecho establecido, ya sean instituciones públicas (por ejemplo, el secreto del sumario en el procedimiento judicial, el secreto de las deliberaciones en el consejo de ministros…), empresas privadas (derechos de propiedad intelectual y patentes), colectivos profesionales (el secreto profesional de los abogados, los médicos y los periodistas) o particulares (contratos de confidencialidad). La propia religión católica contempla determinados secretos, como el de confesión o el de la elección pontificia. Estas premisas nos llevan a una conclusión: la existencia de un juramento de secreto no presupone, por sí solo, ningún ilícito. Ahora bien, cosa distinta y censurable es que la fórmula del juramento contuviera, y todavía mantenga, ciertas expresiones criminales y contrarias al espíritu fraternal y humanitario de la masonería que luego analizaremos.

2º Adorar al Gran Arquitecto del Universo como un dios masónico

Igualmente, se ha acusado a la masonería de adorar a un dios propio (el Gran Arquitecto del Universo). Sin embargo, ello ha sido reiteradamente desmentido por las propias autoridades masónicas. Por citar alguna de las últimas resoluciones oficiales de la masonería regular, en octubre de 1950, septiembre de 1962, diciembre de 1981 y junio de 1985, la Gran Logia Unida de Inglaterra ha reafirmado «la creencia en un Ser Supremo», del cual, sin embargo, no ofrece «una propia doctrina de fe». En este sentido, aclaró que: «no existe un Dios masónico. El Dios del masón es el propio Dios de la religión por él mismo profesada. Los masones tienen un respeto mutuo por el Ser Supremo en cuanto Él sigue siendo Supremo en sus religiones respectivas»[2]. Por lo demás, la denominación de Dios como Supremo Arquitecto del Universo está tomada de la Biblia.

Dios como Geómetra.
Códice del año 1179,
Biblioteca Nacional
de Madrid.

3º Conspirar contra la Iglesia católica

Por su parte, sobre la acusación de maquinar contra la Iglesia católica, conviene recordar que tal argumentario fue consecuencia de las guerras por la unidad de Italia que implicaron la desaparición de los Estados pontificios (cuya superficie era un tercio de la península itálica). Pío IX y León XIII responsabilizaban en buena medida a las sociedades secretas de la pérdida de los Estados Pontificios, entre ellas a la masonería, identificada con la carbonería, de modo que interpretaron como conspiración contra la Iglesia lo que en realidad era una lucha por la unidad de Italia. Aunque la acusación de conspirar contra la Iglesia quedó recogida en el canon 2335 del Código de Derecho Canónico de 1917, no obstante, en el canon 1374 del vigente Código de Derecho Canónico del año 1983, suprimió toda referencia a la masonería, de modo que su enunciado quedó mucho más matizado: «quien da su nombre a una asociación que maquina contra la Iglesia debe ser castigado con una pena justa». Con ello se reconocía que las Obediencias masónicas no maquinaban contra la Iglesia.

4º Fomentar un contubernio judeo-satánico-comunista

Otro de los tópicos del antimasonismo decimonónico, todavía vigente, sigue vinculando el origen de la masonería con un contubernio judéo-masónico internacional que en el siglo XVIII pretendió acabar con el orden

---

[2] Publicados por José Antonio FERRER BENIMELI, «El Gran Arquitecto del Universo», en José Antonio Ferrer Benimeli (dir.), *Masonería y religión: convergencias, oposición, ¿incompatibilidad?*, Madrid, 1996, pp. 49-55.

tradicional representado por el trono y el altar. Lo cierto es que desde 1721 hasta décadas después de la revolución francesa, los principales dirigentes de la masonería de los diversos países europeos eran masones, casi todos ellos nobles de título y, por tanto, leales a la monarquía. También se ha afirmado que la Revolución francesa fue ejecutada meticulosamente por la masonería con el fin de acabar con el trono y el altar, y que las logias francesas se concertaron para socavar el poder de los Borbones. Es más cierto que la masonería fue una institución especialmente damnificada durante la época del Terror, pues mientras que en 1789 había en Francia cerca de 500 logias, en 1796 apenas habían sobrevivido unas 20. En pocos años la masonería francesa prácticamente había dejado de existir porque los revolucionarios consideraban que las logias eran centros reaccionarios y elitistas en las que maquinaban aristócratas y burgueses contrarrevolucionarios[3].

Por su parte, el tópico de la consideración de la masonería como un instrumento del judaísmo internacional arranca y se basa en los Protocolos de los Sabios de Sión, un texto que supuestamente revelaba la existencia de una conspiración internacional del judaísmo y la masonería para hacerse con el gobierno del mundo. Pero desde 1921 se sabe que los Protocolos de los Sabios de Sión no son más que una falsificación ideada por la policía política rusa. Concretamente, se trataba del plagio de una obra del abogado parisino Maurice Joly (1829-1878) titulada Diálogo de los infiernos entre Maquiavelo y Montesquieu, o la política de Maquiavelo en el siglo XIX, publicada en 1864 en Bruselas en la que se criticaba la política de Napoleón III. Dicha obra fue plagiada y publicada en 1905 por Sergei Aleksandrovick Nilus, un oficial de la policía política del zar con el objetivo de advertir acerca de «una conjuración judeo-masónica mundial que debe conducir a nuestro corrompido mundo a su inevitable ruina». Para ello, retituló el texto como Protocolos de los Sabios de Sión y sustituyó el binomio maléfico Maquiavelo-Napoleón III por masonería-judaismo[4]. En 1919 un capitán alemán llamado Müller von Hausen, bajo el pseudónimo de Gottfried zur Beck, volvió a publicar los Protocolos con el patrocinio de la nobleza alemana para provocar una cruzada antisemita en Alemania. A partir de ese momento, la difusión de tal mito se propagó como si fuera una verdad histórica que fue hábilmente manipulada con fines políticos (fue el argumento central del Mein Kampf de Hitler). Y todavía hoy se siguen invocando los Protocolos como prueba indubitada de

---

[3] Helmut REINALTER, «La Masonería y la Revolución Francesa», en J. A. Ferrer Benimeli (coord.), Masonería, Revolución y Reacción. Actas del IV Symposium de Metodología aplicada a la Historia de la Masonería Española, Alicante, 1990, vol. I., pp 29-37.
[4] Nos basamos en José Antonio FERRER BENIMELI, El contubernio judeo-masónico-comunista, Madrid, 1982, pp. 135-190.

una supuesta conspiración mundial que, en rigor, surgió como crítica a Napoleón III.

La cruzada antimasónica llegó a alcanzar el límite del ridículo con motivo del fraude perpetrado por Léo Taxil y su invención del satanismo masónico. Léo Taxil fue el pseudónimo que utilizó el periodista y falsario Marie Joseph Jogand-Pagès (1854-1907) para publicar a partir de 1885 diversos libros en los que denunciaba la existencia de una masonería satánica que practicaba todo tipo de ritos orgiásticos y blasfemos. Sin embargo, algunos obispos y conocedores de los entresijos advirtieron que Léo Taxil era un impostor. Finalmente, en 1897, cuando Taxil vio que su negocio editorial ya no daba para más, convocó una conferencia en la Sociedad Geográfica de Paris para presumir de haber engañado a la Iglesia Católica durante 12 años con la invención de una masonería satánica.

Al mito judeo-masónico-satánico se añadió años más tarde otro elemento más; el comunismo. Algunos autores afirman que la masonería sirvió de puente entre las confesiones protestantes y el comunismo soviético. Pero lo cierto es que la masonería no solo no tuvo nada que ver con el surgimiento del comunismo sino que, por el contrario, fue especialmente maltratada por dicha ideología. Los Congresos de la Internacional Comunista celebrados en Moscú en 1921 y 1922 reiteraron la decisión de expulsar del partido a los masones por considerar que la masonería era una organización elitista y burguesa contraria a los intereses del proletariado.

5º Fomentar el relativismo, indiferentismo y sincretismo religiosos

Igualmente, diversas autoridades religiosas han acusado a la masonería de practicar el relativismo, el indiferentismo y el sincretismo religiosos. En la medida en que la masonería negaba la existencia de una verdad objetiva o la posibilidad de un conocimiento objetivo de la verdad, el relativismo colisionaba con los dogmas de las religiones reveladas. Por su parte, el indiferentismo afirma que todas las religiones son diversos caminos que expresan la única verdad[5]. Lo que sucede que las diversas organizaciones masónicas respetan la forma o credo religioso practicado por cada uno de sus integrantes. Podría traerse aquí a colación la siguiente declaración de un masón procesado por la Inquisición de Madrid en 1757, el cual afirmó: «no es cierto que los francmasones profesemos la indiferencia, lo que sucede es que para ser francmasón es indiferente que uno sea católico o no lo sea»[6]. Nótese, por tanto, que, en rigor, la masonería no amparaba el indiferentismo religioso, sino

---

[5] *Declaración de la Conferencia Episcopal alemana de 28 de abril de 1980*, en *Sillar, Revista católica de cultura*, 2 (abril-junio, 1981), p. 76.
[6] Proceso reproducido por Juan Antonio LLORENTE, *Historia crítica de la Inquisición en España*, Madrid, 1980, p. 69.

la libertad de cultos. La Gran Logia Unida de Inglaterra ha aclarado en varias ocasiones que «la Masonería no es una religión, ni un sustitutivo de la religión», y que «no es misión de la masonería tratar de unir credos religiosos diferentes», ni propiciar un «sincretismo»[7].

6º Practicar el deísmo

Respecto a la acusación hecha a la masonería regular de practicar el deísmo o una religión natural, hay que decir que es incierta. Ya desde sus primeros tiempos, se acusó a la masonería especulativa de alejarse del teísmo tradicional para abrazar un deísmo que negaba la intervención de Dios en el mundo y la eficacia y valor de la liturgia. El deísmo del siglo XVIII, aunque aceptaba la existencia de Dios como creador del universo, rechazaba la posibilidad de que pudiera revelar sus designios directamente o a través de profetas e intermediarios, o de que su influencia pudiera ser invocada en cualquier forma de rito o liturgia. Al no aceptar la intervención de Dios en el mundo, negaba la existencia de la Providencia Divina, de los profetas o mensajeros, las apariciones, los milagros y la revelación de la Palabra de Dios mediante libros sagrados, como la Biblia o el Corán. La Divinidad era, según esta corriente, una realidad manifestada a través de leyes naturales, las cuales sólo eran accesibles por el conocimiento científico. Únicamente la razón podía descubrir tales leyes y articular sobre ellas una religión natural y una ética positiva.

No obstante, las constituciones masónicas publicadas por la Gran Logia de Londres en 1723 aludían a Cristo como «Gran Arquitecto de la Iglesia» (recordemos que la expresión «Gran Arquitecto» se reserva a la Divinidad), lo que suponía un reconocimiento implícito del carácter divino de Jesucristo. También se preceptuaba la obligación de efectuar los juramentos masónicos sobre la Biblia, lo que implicaba reconocer su valor como texto sagrado en el cual se había revelado la Palabra de Dios. El Landmark de respetar las fiestas masónicas de san Juan Bautista y de san Juan Evangelista o de los cuatro santos coronados constituía también una aceptación del carácter mediador de los santos, amén del reconocimiento de un culto organizado conforme a cierta liturgia. Como se ve, todo ello era contrario al deísmo y estaba en perfecta línea con el teísmo. Los mismos compiladores de dichas constituciones, el reverendo James Anderson, pastor de la Iglesia presbiteriana escocesa, y Jean-Theophile Desaguliers, ministro de la Iglesia anglicana, eran convencidos teístas, y no deístas. También lo eran los católicos irlandeses que funda-

---

[7] Publicados por José A. FERRER BENIMELI, «El Gran Arquitecto del Universo», en José A. FERRER BENIMELI (dir.), *Masonería y religión: convergencias, oposición, ¿incompatibilidad?*, cit, pp. 49-55.

ron la Gran Logia de los antiguos, rival de la de Anderson, incluido su gran secretario, Laurence Dermott, redactor de las constituciones de los antiguos, publicadas en 1756 con el subtítulo de Ahiman Rezon. En dicho texto se afirma que «ninguno de los que comprenden bien el Arte puede marchar sobre el sendero irreligioso del desgraciado libertino o ser introducido a seguir a los arrogantes profesores del ateísmo o del deísmo»[8]. Es decir, que no sólo se reconocía expresamente la creencia en un Dios personal que mostraba sus enseñanzas a través de la revelación y de los Padres de la Iglesia, sino que se condenaba explícitamente el deísmo. Ello evidencia que la masonería originaria era inequívocamente teísta, y no deísta.

II.- Acusaciones fundamentadas contra la masonería

Las contradicciones del discurso masónico radicaban más probablemente en ciertas escenas y temas contenidos en los rituales de los altos grados redactados a lo largo del siglo XVIII. Así, por ejemplo, loar el deseo de venganza (hiramita o templaria), frente al mensaje del perdón mostrado por Jesucristo, ofendía al verdadero cristiano. Se zahería a judíos y musulmanes desde el momento en que se les exigía que asumieran la idea de la cruzada a Tierra Santa, o que portaran la cruz de san Andrés. Se negaba la autoridad de los profetas o ministros de la Iglesia. Se soslayaba la enseñanza de los fundadores de las religiones reveladas y se cuestionaba, en fin, la divinidad de Jesucristo. Y ello sin contar con que ejecutar a un acusado sin antes haberle escuchado, o deponer un juramento bajo coacción, eran costumbres totalmente contrarias a las leyes civiles y penales de cualquier país civilizado. Comentemos con más detalle estos aspectos del discurso masónico:

1º El inhumano juramento masónico

La primera condena pontificia de la masonería fue decretada el 28 de abril de 1738 mediante la bula *In Eminenti* del papa Clemente XII. La bula denunciaba los términos atroces e inhumanos en los que estaba redactado el juramento masónico. Concretamente, al mencionar que los masones juraban sobre la Biblia mantener su secreto *bajo amenaza de graves castigos*, el papa parecía darse por enterado que dicho juramento castigaba con la muerte al masón perjuro, lo cual, además de sobrepasar lo moralmente aceptable e incurrir en grave conducta delictiva, constituía una herejía. La segunda condena de la masonería, llevada a cabo mediante la bula *Providas* de 18 de mayo de 1751 de Benedicto XIV, insistía en censurar los términos del juramento masónico. Un texto masónico de 1727, titulado *La confesión de un masón,*

---

[8] *Ahiman Rezon or a Help to a Brother,* Londres, 1756, p. 105.

desvelaba los términos del juramento, depuesto ante Dios y sobre la Biblia, exigido a los que ingresaban en la masonería: «Yo guardaré y esconderé, o no divulgaré ni daré a conocer los secretos de la palabra del masón, bajo pena de serme arrancada la lengua de debajo de mis mandíbulas y mi corazón arrancado de debajo de mi axila izquierda, y mi cuerpo sepultado bajo el límite de los altos mares, allí donde la marea desciende y sube dos veces en veinticuatro horas»[9].

Ya en su momento, algunos masones consideraron crueles y excesivos los términos de un juramento como este, que llevaba aparejados, en caso de incumplimiento, atroces castigos impropios de una corporación que se postulaba como adalid de la fraternidad. Pero sorprendentemente, tal fórmula no fue mitigada, sino que se propagó por todas las logias del continente europeo y americano. Al poco tiempo, la versión más extendida de la fórmula de juramento del aprendiz masón añadía el consentimiento explícito del deponente a ser ejecutado en caso de perjurio: «Juro y prometo, sobre los Estatutos generales de la Orden, y sobre esta espada símbolo del honor, ante el Gran Arquitecto del Universo, guardar inviolablemente todos los secretos que me serán confiados por esta Respetable Logia... Consiento, si fuera perjuro, a tener la garganta cortada, el corazón y las entrañas arrancadas, el cuerpo quemado y reducido a cenizas, y mis cenizas lanzadas al viento y que mi memoria sea en execración a todos los Masones. ¡Que el G.·.A.·.D.·.U.·. me ayude!»[10]. Sabido es que tales castigos físicos eran herencia del derecho penal medieval inglés y, concretamente, de la pena aplicada a los reos de alta traición o atentado al rey (*laesa maiestatis*), que consistía en colgar, abrir el vientre y eviscerar al condenado mientras seguía vivo. No obstante, aunque fuera una fórmula de origen medieval, la mera antigüedad no podía constituir razón suficiente para su conservación pues, en otro caso, se llegarían a legitimar otras instituciones medievales como la esclavitud o el derecho de pernada.

Atendiendo a una valoración exclusivamente jurídica de la fórmula del juramento masónico, lo cierto es que ella contiene varios ilícitos incompatibles

---

[9] Editado por Philippe LANGLET, *Textes fondateurs de la franc-maçonnerie*, Paris, 2006, pp. 409-443.

[10] Semejante fórmula era utilizada por las logias españolas, pues se habían servido de los rituales franceses y belgas; Lorenzo FRAU ABRINES y Rosendo ARÚS, *Diccionario Enciclopédico de la Masonería, cit.*, vol. V, p. 581. *Vid.* César RUIZ, *Rito Escocés Antiguo y Aceptado. Ritual del Aprendiz masón precedido por un breve estudio del Grado*, Madrid, s/f., pp. 56-57. E. CABALLERO DE PUGA, *Ritual del aprendiz masón según documentos auténticos y originales ajustados en sus definiciones a los últimos adelantos de las ciencias filosóficas y naturales*, Madrid, 1883, p. 46. Un estudio comparativo de las diversas fórmulas del juramento del aprendiz puede consultarse en René DÉSAGULIERS, «Notes sur le serment maçonnique du premier grade», en *Reinassance Traditionelle*, 1 (1970), pp. 3-20.

con las declaraciones de *Derechos Humanos*. Tanto la *Declaración de los Derechos del Hombre y del Ciudadano*, aprobada por la *Asamblea Nacional Constituyente* francesa en 1789, y la *Carta de Derechos* de los Estados Unidos de 1791 consagraron la protección de los derechos humanos y la prohibición de castigos crueles. En el segundo de los textos citados se establece que: «nadie estará obligado a responder de un delito castigado con la pena capital o de otro delito infame a menos que un gran jurado lo acuse; ni se le compelerá a declarar contra sí misma en ningún juicio criminal; ni se le privará de la vida, la libertad o la propiedad sin el debido proceso legal». Tanto la *Declaración Universal de Derechos Humanos* de 1948, como la *Carta de los Derechos Fundamentales* de la *Unión Europea,* ampara el derecho a la vida (art. 2), el derecho a la integridad de la persona (art. 3), y la prohibición de la tortura y de las penas o los tratos inhumanos o degradantes (art. 4).

A la vista de lo anterior, la fórmula del juramento masónico contiene un primer ilícito, en la medida en la que el deponente acepta que, si incumple sus obligaciones, se le haga sufrir un daño que podría llegar a costarle la vida. Podría considerarse que tal fórmula viola el concepto de dignidad humana y además los derechos a la integridad física y a la vida. El segundo ilícito derivaría de la intervención de un tercero, el cual es autorizado a ejecutar al que incumple su juramento. Ninguna legislación civilizada actual contempla que un particular habilite a otro para que, en determinado caso, le quite la vida. Por tanto, la fórmula del juramento vulneraría varios preceptos de la legislación penal de la mayoría de los países civilizados, por cuanto encierra la propuesta de comisión del delito de coacciones graves, lesiones, inducción o asistencia al suicidio, homicidio e incluso de asesinato[11]. El tercer ilícito del juramento masónico deriva de la calidad de la pena establecida: la muerte. En la introducción del *Convenio Europeo de Derechos Humanos* se afirma que el derecho de toda persona a la vida «es un valor fundamental en una sociedad democrática» y que la abolición de la pena de muerte «es esencial para la protección de este derecho y el pleno reconocimiento de la dignidad inherente a todo ser humano». La fórmula del juramento también podría traspasar los límites del derecho de asociación reconocido en la legislación de los países democráticos que declara ilegales aquellas asociaciones que utilicen medios tipificados como delito. Y es claro que la formula masónica utiliza «medios tipificados como delito», ya que el juramento, *imprescindible* para entrar en la asociación, exige que el candidato ponga su vida como garantía del cumplimiento de su compromiso y,

---

[11] Castigado en la legislación penal de todos los países. Por ejemplo, los arts. 138 a 140 del Código Penal español. Además, podría incurrir el afectado en el delito de proposición para delinquir del art. 141.

además, autorice a otro a llevar a cabo la ejecución de la pena en caso de incumplimiento. Puesto que tales compromisos exigidos al candidato están tipificados como delitos, la fórmula de este juramento podría determinar la ilegalidad de la asociación y su consiguiente disolución por sentencia judicial.

Las autoridades masónicas interpeladas por este asunto suelen aducir que se trata de fórmulas antiguas e intrascendentes que ningún masón toma en serio. Alegan que los términos del juramento son puramente simbólicos. Pero lo cierto es que, aunque se trate de un acto *simbólico* e *histórico*, no nos hallamos ante una mera manifestación realizada en un contexto informal sino, al contrario, *ante una fórmula juramental que implica la asunción de unos deberes de confidencialidad*. Como cualquier otro juramento de confidencialidad, el acto implica una *obligación*. El que la acepta queda *jurídicamente vinculado a cumplirla*; y a quien la recibe, le asiste correlativamente *el derecho a reclamar su posible incumplimiento, incluso por vía judicial*. Las obligaciones derivadas de un juramento (por ejemplo, el deber de mantener el secreto de lo tratado en las reuniones) son materia tan seria que la mayor parte de las legislaciones del mundo regulan tal institución y castigan su violación. Igualmente, la mayoría de los países desarrollados del mundo protegen los secretos industriales, la propiedad intelectual y los contratos de confidencialidad, y castigan su violación con sanciones económicas o penas de cárcel.

Cerremos esta reflexión sobre el juramento masónico recordando la hipótesis de que una de las razones que motivó la bula pontificia de 1738 fue que, gracias a las pesquisas inquisitoriales previas a dicha bula, la Iglesia había podido averiguar los términos *vehementemente sospechosos* del juramento masónico efectuado sobre la Biblia y bajo amenaza de padecer graves castigos, en caso de perjurio. En la encíclica *Providas* de mayo de 1751, Benedicto XIV insistió en los anteriores motivos de la bula de 1738. La encíclica *Ecclesiam* de Pío VII de septiembre de 1821 denunciaba los términos de un «juramento tan severo». Y, en efecto, dado que la formula juramental utilizada en los rituales masónicos amenazaba con la pena de muerte al masón perjuro, ya únicamente por esta circunstancia, la condena pontificia de la masonería no sólo se ajustaba al derecho canónico, sino que también era coherente con las leyes nacionales e internacionales del mundo contemporáneo.

2º La venganza hiramita y templaria

Otra de las contradicciones del discurso masónico se encuentra en ciertos altos grados cuya creación se remonta a la segunda mitad del siglo XVIII. Y lo más curioso es que tales incoherencias ya fueron puestas de manifiesto por algunos masones de la época.

Una de dicha críticas a los altos grados procede de un príncipe experto en la materia, Federico de Orange, hijo del rey Guillermo I de los Países Bajos, y hermano del también masón Guillermo II. El príncipe Federico era gran maestro de la *Gran Logia Nacional de los Países Bajos* y del *Gran Capítulo de los Grados Superiores* desde 1816[12], y, en calidad de tal, había sido recibido en diversos sistemas y grados masónicos, como el rito escocés rectificado, el rito escocés antiguo y aceptado, y el rito sueco. Profundo conocedor del simbolismo de los sistemas de altos grados, se mostró muy crítico con este aspecto de la masonería, y ello hasta el punto de que, en 1819, publicó una *Memoria*[13] en la que calificaba tales grados de antimasónicos y anticristianos. Un año después, en coherencia con su escrito, dimitió como gran maestro del *Gran Capítulo de los Grados Superiores*. En su *Memoria*, el príncipe de Orange explicaba las razones por las que, en su opinión, ciertos grados incorporados a varios ritos masónicos (entre ellos, el rito francés, el rito escocés rectificado, el rito escocés antiguo y aceptado y el rito de Memphis-Mizraim) eran contrarios al universalismo preconizado por la masonería.

Recordemos que la eclosión de los altos grados se produjo en Francia en la década de 1740. De entre los diversos temas y leyendas desarrollados en ellos, destacaron cinco. Los dos primeros argumentos eran esencialmente masónicos: la reconstrucción del Templo de Jerusalén; y, en segundo lugar, la búsqueda de la *Palabra perdida*, es decir, el sagrado nombre de Dios (*ha-Sem*). Los otros tres temas, ajenos a la tradición masónica, surgirían más o menos al hilo de las modas culturales del siglo. Concretamente, el tercero era la venganza hiramita; el cuarto, las cruzadas para reconquistar Tierra Santa; y el quinto, la venganza templaria.

Explicaremos sucintamente las contradicciones relativas a la venganza hiramita y a la venganza templaria. Recordemos al lector que el acceso al tercer grado, que confiere la maestría masónica[14], se efectúa mediante una ce-

---

[12] Dirkc. J. VANPEYPE, «Prince Frederik (Grand Master 1816-1881) and the Higher Degrees in the Netherlands», en *Ars Quatuor Coronatorum*, 110 (1997), p. 92.

[13] Fue publicada en *Annales maçonniques, littéraires et historiques de la maçonnerie des Pays-Bass*, IV, Bruxelles, 1825, p. 76 y ss.

[14] Por limitarnos solo a las ediciones en español y relativas a los tres primeros grados del rito escocés antiguo y aceptado, además de las arriba citadas, hay que mencionar: ORESTES, *Manual del Past´Master*, Madrid, 1871. Cesar RUIZ, *Rito Escocés Antiguo y Aceptado. Ritual del Aprendiz masón precedido por un breve estudio del Grado*, Madrid, s/f. F. del PINO, *Manual del Grado de Compañero Masón*, Madrid, s/f. J. RUIZ «Alvar Fáñez», *Ritual del Compañero Masón. Rito Escocés Antiguo y Aceptado*, Madrid, s/f. E. CABALLERO DE PUGA, *Ritual del aprendiz masón según documentos auténticos y originales ajustados en sus definiciones a los últimos adelantos de las ciencias filosóficas y naturales*, Madrid, 1883. J. M. RAGÓN, *Ritual del Grado de maestro*, Barcelona, 1873. J. UTOR y F. del PINO, *Manual del maestro masón. Redactado en presencia de los mejores autores antiguos y modernos. Con autorización de la Sapientísima Gran Logia Simbólica del Gran Oriente de España*, Madrid, 1883. J. RUIZ «Alvar Fáñez» y C. RUIZ «Algebra», *Ritual del maestro masón*, Madrid, [1883].

remonia en la que el candidato escenifica la muerte y regeneración del maestro de obras del templo de Salomón, Hiram Abí, mencionado en la Biblia (*Reyes* 7, 13-48). Cuenta el apólogo de este tercer grado que Hiram Abí dividió a los constructores en tres categorías (aprendices, compañeros y maestros) y asignó a cada grupo una palabra secreta que les servía para reconocerse entre ellos. Fue entonces cuando tres compañeros se conjuraron para acceder ilegítimamente a los secretos del grado de maestro y trataron de arrebatar a Hiram Abí la palabra secreta de la maestría. Emboscados cada uno de ellos en las puertas del sur, de occidente y de oriente del templo, le propinaron respectivamente tres golpes sucesivos que le provocaron la muerte. Sin embargo, no lograron arrancarle la palabra secreta. La mayor parte de los altos grados surgidos en Francia o Alemania a mediados del XVIII, concibieron el *progreso* masónico a partir de este tercer grado, al cual se añadieron otros grados basados en la captura y ejecución de los tres asesinos del maestro Hiram Abí; de ahí que se definan como grados de «venganza hiramita».

Atuendo del grado 9º del Rito Escocés Antiguo y Aceptado (Maestro Elegido de los Nueve) según una acuarela *circa* 1820, manuscrito 7834 de la Biblioteca Nacional de Madrid.

En efecto, en la década de 1740 se redactó el grado de *Maestro Elegido de los nueve*[15] (9.º grado del antiguo rito de perfección y del rito escocés antiguo y aceptado, y 4.º grado del rito francés), que iniciaba la serie de los llamados *grados de venganza*. El rito del grado escenificaba cómo uno de esos nueve maestros elegidos entró en la cueva, donde halló al asesino desarmado, sumido en una profunda desesperación, mientras pedía clemencia y que

---

[15] El rito evoca un acontecimiento astronómico; la persecución de nueve estrellas encabezadas por Sirio que se ocultan momentáneamente en el equinoccio de otoño. Claude GUÉRILLOT, *Le rite de Perfection. Restitution des rituals traduit en anglais et copiés en 1783 par Henry Andrew Francken, cit.*, pp. 97-98. También fue publicado en *Recueil precieux de la maçonnerie Adomhiramite*, Philadelphie, 1787, p. 19.

«no hallaba ningún asilo que le pusiere a cubierto de los terribles remordimientos que le devoraban»[16]. Pese a ello, el maestro elegido le dio muerte con una daga[17]. Así, «le traspasó el pecho con su puñal, diciendo *Sterkim*, que significa venganza»[18], en resarcimiento de la muerte de Hiram. Acto seguido, el asesino fue decapitado. Se llevó entonces su cabeza al rey Salomón, quien la expuso en el extremo de una pica para escarmiento de los traidores. Según explicaban las enseñanzas del grado, se exigía al candidato el juramento de «sacrificar a los Manes de Adonhirám» y de no revelar los secretos, so pena de «que la muerte más horrenda sea la expiación de mi perjurio, y luego que mis ojos sean privados de la luz, por el yerro ardiente, que mi cuerpo sea presa de las fieras, y que mi memoria sea en execración a todos los Masones de la tierra». Tras esta terrible promesa, seguían otras, a cuál más cruel e intimidatoria; una se deponía bajo la amenaza de «consentir que me sea cortada la lengua»[19]; otra implicaba aceptar «todas las penas corporales que me sean impuestas, que me abran las venas de la garganta [...] que mi sangre salga lentamente de mis venas» hasta la muerte[20]; y otra, que «sufra la cautividad más dura, que mis cadenas no puedan ser cortadas jamás, que mi cuerpo sea expuesto a merced de las fieras más feroces»[21].

Volvamos a las censuras vertidas contra este rito de la venganza hiramita por el príncipe de Orange[22]. Según el príncipe Federico, primeramente, se había condenado a una persona sin respetar su presunción de inocencia, pues no se la había escuchado, ni se habían aportado pruebas de su culpabilidad[23]. Por otra parte, las enseñanzas morales contenidas en este grado eran incongruentes. No había ninguna enseñanza moral en el hecho de que el asesino de Hiram fuera decapitado y el asesino de un asesino fuese recompensado con la elevación de

---

[16] Papeles de Mr. Thebet, *Reglamentos de varios grados masónicos,* [Copia del año 1823], Palacio Real de Madrid, papeles reservados de Fernando VII, , expte. 33, n.º 1 a 5.
[17] Claude GUÉRILLOT, *Le rite de Perfection. Restitution des rituals traduit en anglais et copiés en 1783 par Henry Andrew Francken, cit.,* pp. 97-98. Igualmente, en los Papeles de Mr. Thebet, *Reglamentos de varios grados masónicos,* cit, expte. 33, n.º 1 a 5. Y en Andrés CASSARD, *Manual de la masonería, o sea, el tejador de los ritos antiguo escocés, francés y de adopción,* Nueva York, 1861, p. 222 y 224.
[18] Papeles de Mr. Thebet, *Reglamentos de varios grados masónicos,* [Copia del año 1823], cit, expte. 33, n.º 1 a 5.
[19] Grado de segundo elegido o de Perignan, *Recueil precieux de la maçonnerie Adomhiramite,* Philadelphie, 1787, p. 25.
[20] Grado de maestro escocés, *Recueil precieux de la maçonnerie Adomhiramite, cit.,* p. 81.
[21] Grado de caballero de la espada, *Recueil precieux de la maçonnerie Adomhiramite, cit.,* p. 108.
[22] Javier ALVARADO, «Masones en los orígenes de la ciencia penal europea», en J. M. DELGADO y A. MORALES (coords.), *Gibraltar, Cádiz, América y la masonería. Constitucionalismo y libertad de prensa, 1812-2012. XIII Symposium Internacional de Historia de la masonería española,* Zaragoza, 2014, pp. 775-809.
[23] *Memoria* del príncipe Federico de Orange, en *Annales maçonniques, littéraires et historiques de la maçonnerie des Pays-Bass, cit.,* IV, pp. 121-122.

grado. Ningún código moral podía justificar que se ordenase a un desconocido que matara un hombre indefenso: «no se nos puede hacer creer que eso sea más perfecto por el hecho de matar a un hombre desarmado y desesperado»[24]. Además, el vengador no era un verdugo autorizado, sino un asesino que creía matar a otro criminal. Ninguna enseñanza moral, incluida la masónica, podía basarse en la idea de la venganza. Finalmente, el príncipe argumentaba que era contrario a las enseñanzas de Jesucristo el no dar a un acusado desesperado la posibilidad de arrepentirse, pues, si él perdonó a quienes le crucificaban ¿cómo aceptar que este grado masónico preconizara la venganza?

La *Memoria* del príncipe de Orange tuvo eco inmediato en otras Obediencias europeas. Algunos masones optaron por considerarlo contrario a las enseñanzas de la masonería y ajeno a la iniciación, e incluso hubo logias que prohibieron la entrada a *hermanos* visitantes que estuvieran en posesión del grado de maestro *Elegido de los Nueve*[25]. Modernamente, historiadores masones como Guérillot consideran los *grados de venganza* como una «recopilación de elementos disparatados e inaceptables cuyo significado iniciático es difícil de aceptar»[26].

En todo caso, la concepción de la venganza como restauración de la justicia, aunque pudiera resultar aceptable para la cultura judía o para la mentalidad europea de mediados del XVIII, sería considerada como una idea totalmente desafortunada en el contexto iniciático de los siglos XIX y XX, momento que señala el auge y expansión del liberalismo y de la doctrina de los *Derechos Humanos*. De hecho, poco después, algunos rituales maquillaron el argumento para suavizar la idea de la venganza. Así, en el libro titulado *Instrucciones para los grados altos según el rito moderno*, publicado en 1822, el asesino de Hiram ya no era ejecutado, sino que, tras ser descubierto en la cueva, «se quitó la vida clavándose un puñal en el corazón»[27]. Esta modificación del suicidio del asesino de Hiram encontró acomodo en otras versiones posteriores. En éstas, además, se describe al rey Salomón como un monarca preocupado por aplicar la justicia y evitar la venganza, pues el masón «no debe olvidar nunca que todo brazo armado que no corresponda a un poder legítimo sólo puede ser criminal»[28]. En las versiones de idioma español practicadas a fines del XIX encontramos ambas soluciones[29].

---

[24] *Ibidem*, IV, pp. 76 y 123.

[25] Pierre Gérard VASSAL, *Cours complet de Maçonnerie*, París, 1827, pp. 305-313.

[26] Claude GUERILLOT, *Le rite de Perfection. Restitution des rituals traduit en anglais et copiés en 1783 par Henry Andrew Francken*, cit., p. 116. También en Jonathan BLANCHARD, *Scotch Rite Masonry Illustrated: the complete ritual of the ancient and accepted Scottish Rite profusely illustrated*, Chicago, 1905, II, p. 373.

[27] *Instrucciones para los grados altos según el rito moderno*, Burdeos, 1822, p. 27.

[28] Así en Andrés CASSARD, *Manual de la masonería, o sea, el tejador de los ritos antiguo escocés, francés y de adopción*, cit., p. 536.

[29] Eduardo CABALLERO DE PUGA, *Francmasonería: Ritual escocés de los grados capitu-*

FUNDAMENTO DE LAS CRÍTICAS A LA MASONERÍA

Ejecutado uno de los tres asesinos del maestro Hiram, los *grados de venganza* proseguían con la persecución y castigo de los otros dos masones traidores. Para ello, también a finales de la década de 1740, se elaboró otro grado, *Ilustre de los Quince*, que pasó a ser el grado 10.º del rito de perfección y de otros sistemas rituales, como el francés o el escocés. Según la fábula de este grado, tras la ejecución de uno de los asesinos del maestro Hiram Abí, Salomón envió a quince maestros a que capturasen a los otros dos malvados. Una vez llevados los dos asesinos a su presencia, el rey ordenó que fueran «ejecutados con los más atroces tormentos a fin de que sus muertes estuvieran a la altura de la abominación de sus crímenes»[30]: «fueron atados a unos potros por los pies, los brazos y el cuello, y se les abrió el cuerpo hasta sus partes deshonestas, principiando desde el pecho, permanecieron ocho horas expuestos al sol, devorados por las moscas y otros insectos. Sus lamentables gritos conmovieron á sus verdugos, quienes le cortaron la cabeza»[31]. Saliendo al paso, algunos masones de finales del XVIII intentaron justificar la venganza frente a los asesinos de Hiram mediante una extravagante interpretación en clave astronómica. Otorgando al mito un significado zodiacal, se quiso ver a los nueve y quince maestros elegidos como otros tantos signos del zodiaco y constelaciones, cuyas posiciones cortaban en aspa la Eclíptica y el Ecuador en el solsticio de verano y el equinoccio de primavera[32]. En cualquier caso, estos remiendos resultaron tan bienintencionados como infructuosos, pues no consiguieron sanar el vicio de origen que aquejaba a la parábola hiramita: se hacía evidente que ¡el tema de la venganza, tan caro a la mentalidad judía, no podía constituir el eje vertebral de un ritual autorizado por una organización iniciática supuestamente basada en la fraternidad!

Así las cosas, a mediados del XVIII algunos masones jacobitas desempolvaron la leyenda templaria y tuvieron la ocurrencia de considerarse legítimos sucesores de éstos. Por tal motivo, a los grados de la venganza hiramita le siguieron los grados de la venganza templaria. Si tres eran los malos compañeros que asesinaron al maestro Hiram Abí, por simetría, la ruina de los

---

lares del cuarto al décimo octavo, cit., p. 193. También Lorenzo FRAU ABRINES y Rosendo ARÚS, *Diccionario Enciclopédico de la Masonería, cit.,* vol. V, pp. 746-748.

[30] Claude GUÉRILLOT, *Le rite de Perfection. Restitution des rituals traduit en anglais et copiés en 1783 par Henry Andrew Francken, cit.,* p. 112.

[31] Papeles de Mr. Thebet, *Reglamentos de varios grados masónicos,* [Copia del año 1823], *cit.* n.º 1 a 5. La misma atroz descripción en Andrés CASSARD, *Manual de la masonería, o sea, el tejador de los ritos antiguo escocés, francés y de adopción, cit.,* p. 229, en Eduardo CABALLERO DE PUGA, *Francmasonería: Ritual escocés de los grados capitulares del cuarto al décimo octavo, cit.,* pp. 227-231, o en Lorenzo FRAU ABRINES y Rosendo ARÚS, *Diccionario Enciclopédico de la Masonería, cit.,* vol. V, p. 749.

[32] Eduardo CABALLERO DE PUGA, *Francmasonería: Ritual escocés de los grados capitulares del cuarto al décimo octavo, cit.,* pp. 227-231.

templarios y vivicombustión de su gran maestre Jacques de Molay habría sido tramada por tres instancias: el rey de Francia, el Papa y la Orden del Hospital de San Juan de Jerusalén (luego llamada Orden de Malta). En estos grados había de jurarse enemistad con la Orden de Malta. Pero pese a las llamadas de advertencia de muchos masones preocupados por tales derivas, la leyenda de los templarios fugitivos acogidos en Escocia por los masones, acabó triunfando[33].

3º Las cruzadas masónicas contra el Islam

Otro de los extravagantes temas desarrollados en los altos grados masónicos fue el de las cruzadas contra el islam para liberar Jerusalén y reedificar el templo de Salomón. Ya en 1737, el caballero Ramsay defendió, en un discurso pronunciado en su logia de París, que la masonería tenía su origen en las cruzadas[34]. En las postrimerías del siglo XVIII se elaboraron otros grados caballerescos que exigían a sus miembros llevar «al lado izquierdo del pecho, bordada la cruz blanca de san Andrés»[35] y «derramar hasta la última gota de sangre» en combatir «el islamismo y la barbarie». También el grado 32.º del rito escocés prolongó el tema de la convocatoria de una última cruzada que liberaría Jerusalén[36] para liberar Tierra Santa a fin de «arrojar de allí a los infieles». Buena parte del grado describe el campamento y tiendas de los caballeros masones convocados a esta última cruzada «fortalecido con la armadura de la doctrina del gran maestro de Nazaret, que es la doctrina de la masonería».

Mandil del grado 32º con la disposición del campamento militar convocado para iniciar la última cruzada que liberará Tierra Santa de los turcos (acuarela circa 1820, ms. 7834, Biblioteca Nacional de Madrid

---

[33] Sobre este asunto hemos tratado extensamente en Javier ALVARADO PLANAS, *Templarios y masones. Las Claves del enigma*, Madrid, 2019.

[34] Discuso publicado por P. NÉGRIER, *Textes fondateurs de la Tradition maçonnique, cit.*, pp. 305-335.

[35] Andrés CASSARD, *Manual de la masonería, o sea, el tejador de los ritos antiguo escocés, francés y de adopción, cit.*, p. 395.

[36] *Ibidem*, p. 416.

Ya en su día, el príncipe Federico de Orange consideró que el tema de la participación de los masones en las cruzadas era absolutamente contrario al universalismo y fraternidad que debía predicar la masonería. Ni un judío ni un musulmán masones aprobarían de buen grado que se les hiciera tomar parte en las cruzadas de Tierra Santa[37] cuya finalidad era precisamente combatir al islam y convertir el templo de Jerusalén en una catedral cristiana. Tampoco le pareció adecuado que el supuesto candidato masónico fuera proclamado caballero de San Andrés e investido con la capa de cruzado: «¡no se puede imaginar —exclamó— algo más absurdo que un judío decorado con la cruz de san Andrés, mártir cristiano, dispuesto a participar en la cruzada para conquistar Jerusalén!»[38]. Con una argumentación similar, otros autores también criticaron esta leyenda masónica[39]. Insistieron en que conculcaba los principios masónicos de universalidad (un masón judío o un musulmán, rechazarían la obligación de devolver Jerusalén a la cristiandad); de fraternidad (poco había de fraternal en que el candidato escenificara una guerra santa contra el islam); y de neutralidad política y religiosa (la cruzada contra el islam era, por definición, un asunto político y religioso). En suma, el tema de la cruzada contra el islam, aceptable para la mentalidad de algunos masones del XVIII, seducidos por la leyenda templaria, era incompatible con el universalismo y la *pax masonica*. No era lógico defender la tolerancia y fraternidad entre cristianos y musulmanes, mientras se acusaba a los antepasados de éstos de ser infieles, torturadores y ocupantes ilícitos de Jerusalén. Tratando de soslayar estas críticas, algunas Obediencias masónicas intentaron suavizar el discurso belicista[40]. Pero estas matizaciones no sanaron, sin embargo, el vicio de origen; la apología de la cruzada o guerra santa, por muy atenuada que se presentara, era difícilmente compatible con los principios defendidos en teoría por la masonería ¿Acaso estos mismos masones de finales del XVIII o del XIX habrían tolerado un grado masónico que ensalzara el *yihad* (guerra santa) contra los cristianos, aunque fuera en clave metafórica?

4° El deísmo de ciertos altos grados

La evolución de los altos grados tuvo otro febril episodio en ciertas versiones de los grados 13.°, 29.° y 33.° del rito escocés antiguo y aceptado (y otros

---

[37] *Memoria* del príncipe Federico de Orange, en *Annales maçonniques, cit.*, IV, p. 80.
[38] *Ibidem,* IV, p. 125.
[39] Jonathan BLANCHARD, *Scotch Rite Masonry Illustrated: the complete ritual of the ancient and accepted Scottish Rite profusely illustrated, cit.*, II, p. 102. Sobre esto vid. Claude GUERILLOT, *Le rite de Perfection. Restitution des rituals traduit en anglais et copiés en 1783 par Henry Andrew Francken, cit.*, p. 243.
[40] Lorenzo FRAU ABRINES y Rosendo ARÚS, *Diccionario Enciclopédico de la Masonería, cit.*, vol. V, p. 867.

ritos que se inspiran en ellos), practicado en la mayoría de las Obediencias europeas y americanas. En ellos se abandonó el teísmo establecido en las constituciones fundacionales de la masonería especulativa para abrazar el deísmo. Más concretamente, se rechazó la idea de un Dios personal, se negó la existencia de una doctrina o mensaje revelado por Dios y, en consecuencia, se desautorizó el valor y función de los profetas y sacerdotes. Así, por ejemplo, en los grados 13.º y 29.º, se afirmaba que la francmasonería no podía «fundamentar la existencia de Dios en el concepto admitido al efecto por las religiones positivas, porque en ese caso tendría que mostrarse partidaria de una u otra creencia religiosa, lo que se opondría al principio de máxima libertad consignado en los Estatutos»[41]. El concepto de Dios había, pues, de basarse en la *Razón*. Negar toda idea de revelación o inspiración conducía a una postura radical contradictoria con la misma tradición masónica recogida en las *constituciones andersonianas* de los *modernos* de 1723, así como en las constituciones de los *antiguos* de 1756. En una de las versiones del grado 33.º apareció la siguiente afirmación deísta, en clara desautorización al papel de los profetas, sacerdotes, pastores, rabinos, imanes y demás ministros de las religiones reveladas: «Dios no ha dado a ningún hombre la autoridad para reemplazarle y representarle en la tierra y todos aquellos que pretenden ser sus ministros y representantes, no deben ser creídos»[42]. Resulta sorprendente la profesión de fe deísta consignada en la redacción de este grado masónico. Pero no porque el deísmo sea incongruente con la masonería. Ciertamente, tanto las constituciones masónicas de los *modernos* como las de los *antiguos* eran claramente teístas, pero ello no impedía en ningún caso a los deístas el acceso a la logia: *el deísmo era una de tantas opciones válidas*. Lo sorprendente es que un ritual masónico aprobado por una Obediencia regular consignara el deísmo como *única* opción lógica y que, además, lo hiciera en unos términos tan desconsiderados y descalificadores hacia las religiones reveladas que se había comprometido a respetar.

Igualmente incongruente con las constituciones fundacionales de la masonería fueron algunas versiones del grado 18° del rito escocista que arremetía contra las religiones, las cuales «encierran a los hombres, los dividen y se oponen al progreso, mientras que la masonería trabaja en unirlas para hacer de ellos una sola familia de hermanos y amigos»[43]. Anotemos que el contenido de este grado 18.º fue objeto de las críticas más severas dado que se engolfaba en determinadas consideraciones sobre la vida y papel de Jesucristo.

---

[41] *Ibidem*, vol. V, p. 762.

[42] Jonathan BLANCHARD, *Scotch Rite Masonry Illustrated: the complete ritual of the ancient and accepted Scottish Rite profusely illustrated, cit.*, tomo II, p. 477.

[43] Jean-Marie RAGÓN, *Ritual del grado de R. conteniendo el análisis de los 14 grados que le preceden en el Rito escocés, cit.*, p. 103.

El ya citado gran maestro masón, Federico de Orange, lo calificó de desafortunado porque la vida y enseñanzas de Cristo ya estaban perfectamente explicadas en el Nuevo Testamento y no había ninguna necesidad de incluirlas en un grado masónico. En el mismo sentido eran cuestionables, por antiuniversalistas, las referencias de este grado a los masones convertidos en cruzados durante la Edad Media para combatir «el fanatismo destructor de los hijos de la media-Luna»[44] ¿A qué obedecía esta descalificación del islam? ¿Acaso no se incumplía con ello el mandato masónico de evitar las disputas religiosas?

Escena de la ceremonia de elevación al grado 33° del rito escocés antiguo y aceptado (lámina de la obra de Jonathan Blanchard, *Scotch Rite Masonry Illustrated: the complete ritual of the ancient and accepted Scottish Rite profusely illustrated,* 1905).

Por otra parte, la defensa a ultranza de un *universalismo masónico* llevó también a redacciones poco respetuosas con las creencias religiosas del masón cristiano. Una de las versiones del grado afirmaba que «la divinidad atribuida a Jesús de Nazareth» no era «para nada tomada en cuenta en este grado», ni la Masonería se ocupaba «en atribuirle ni negarle tal o cual carácter»[45]. Ello, en rigor, contrariaba los más elementales deberes masónicos dado que la masonería no debía entrar a especular sobre la divinidad de Cristo. Como cualquier debate religioso estaba proscrito en sede masónica, tal cuestión no debía ni siquiera plantearse.

Además, esta forma de eclecticismo o sincretismo religioso no explicaba claramente quién determinaba la selección de «lo bueno de cada religión», y lo que constituía la auténtica «Verdad»: ¿Era, acaso, la conciencia? ¿La revelación? ¿La razón humana? El ritual del grado practicado en varias Obediencias regulares se decantaba por ésta última opción, esto es, por la *Razón,* lo cual implicaba a las claras la adopción de la causa deísta. Se explicaba, en efecto, que ya no eran la Fe, la Esperanza y la Caridad los caminos para en-

---

[44] Andrés CASSARD, *Manual de la masonería, o sea, el tejador de los ritos antiguo escocés, francés y de adopción,* cit., p. 329.
[45] *Idem.*

contrar la *Palabra perdida*. En su lugar, se levantaban la *Tolerancia* y la *Caridad* como únicos medios para «realizar la obra masónica». En su descalificación de las religiones reveladas, el deísmo de estos rituales dejó expedito el paso al culto a la diosa *Razón*. Con ello no sólo se abandonó el teísmo de la masonería regular, sino que además se rechazaba toda interpretación mística, espiritual o mistérica de los rituales masónicos, los cuales quedaron convertidos en meras formalidades profanas. Significativamente, en ciertas versiones del grado 19.º, se prolongaría la filosofía del grado 18.º, al exigir al iniciado que se comprometiera a «no reconocer más guía que la Razón», para, así, hacerse digno del título de «gran pontífice del Templo de la Razón»[46].

5º La politización de los altos grados

A partir del siglo XIX diversas Obediencias masónicas prefirieron sustituir las interpretaciones históricas, astrológicas o alquímicas de sus rituales por otras más modernas, de perfil social y político. Así, las enseñanzas de algunos altos grados se convirtieron en una reivindicación del derecho de asilo y del deber de todo Estado soberano a no «permitir la extradición de los perseguidos por causas religiosas o políticas»[47]. En su versión más liberal, el rito escocés de 33 grados sustituyó su contenido anterior por unas elementales reflexiones sobre los derechos del ciudadano. En el grado 9.º, el pastor que conduce a la caverna representaba «a la Prensa, gracias a la cual la libertad y la ciencia persiguen a la ignorancia hasta sus más ocultas guaridas»[48]; el grado 10.º explicaba el derecho y deber de extradición[49]; y el grado 11.º mostraba el derecho de sufragio universal, aunque con la siguiente matización que todavía practican algunas Obediencias: «el débil, así como el ignorante, no pueden cargarse de una responsabilidad que no les es dado sobrellevar ni comprender; por eso, *ni las mujeres ni los adolescentes eligen ni son elegidos*»[50]. Asimismo, tal grado 11.º proporcionaba unas rudimentarias afirmaciones sobre las formas de gobierno y la organización territorial en forma de municipios, consejos y diputaciones provinciales. El grado 12.º, por su parte, explicaba al candidato la teoría de los impuestos directos e indirectos. El grado 13.º se refería al «derecho inalienable e imprescriptible de rendir culto a Dios de la manera que juzgue conveniente con arreglo a su razón». Los

---

[46] Lorenzo FRAU ABRINES y Rosendo ARÚS, *Diccionario Enciclopédico de la Masonería*, cit., vol. V, p. 801.

[47] Eduardo CABALLERO DE PUGA, *Francmasonería: Ritual escocés de los grados capitulares del cuarto al décimo octavo*, cit., p. 224.

[48] *Ibidem*, p. 186.

[49] Lorenzo FRAU ABRINES y Rosendo ARÚS, *Diccionario Enciclopédico de la Masonería*, cit., vol. V, p. 750.

[50] *Ibidem*, vol. V, p. 755. La cursiva es nuestra. Estos rituales siguen vigentes en muchos países.

grados sucesivos obligaban al candidato a jurar defender diversos derechos, como el de la libertad individual (grado 15.º), el derecho de reunión (grado 17.º), la libertad de enseñanza (grado 20.º), la libertad de trabajo (grado 22.º) y el *habeas corpus* (grado 23.º)[51]. El grado 32.º, en fin, se refería a «Nuestro Soberano Jesús de Nazaret, apóstol de los derechos y deberes del hombre»[52].

De esta manera, la enseñanza ocultista, rosacruz, hermética, templarista, moral o religiosa del rito escocés antiguo y aceptado (y ritos inspirados por él) desaparecía para ceder paso a una visión jurídico-administrativa, en virtud de la cual las enseñanzas iniciáticas se convertían en un *mediocre y anticuado manual de derecho político* que, por eso mismo, incumplía estrepitosamente el *Landmark* de no debatir cuestiones políticas en logia.

Reflexión final

Por supuesto que tales incongruencias fueron siempre contestadas por muchos masones. Pero lo cierto es que muy pocas Obediencias llevaron a cabo una labor profiláctica de esos grados colaterales. Además, de nada valía que una Gran Logia masónica aprobara unos rituales depurados de incoherencias, si luego entablaba relaciones de amistad y reconocimiento con Grandes Logias de otros países que practicaban el mismo rito, pero plagado de referencias políticas o antirreligiosas. Por eso, el problema ya no estaba sólo en las Obediencias que autorizaban la práctica de ritos politizados o antirreligiosos, sino también en aquellas Grandes logias que establecían relaciones de amistad o reconocimiento con otras Obediencias que practicaban ritos politizados u hostiles al cristianismo o a otras religiones. Lo cierto es que ello ocurría y sigue ocurriendo. Es el caso de Obediencias teóricamente neutrales en esta materia, como la Gran Logia de Escocia, que no permite la práctica de altos grados en sus talleres ni otro rito que el escocés tradicional, o la Gran Logia Unida de Inglaterra, las cuales han dado el placet o reconocimiento a Obediencias nacionales que practican ritos que contienen pronunciamientos políticos y religiosos que vulneran los tradicionales deberes masónicos.

Resulta desalentador que la propia masonería no haya hecho prácticamente nada por evitar sus incongruencias. Por el contrario, ha mantenido una tenaz, negligente y sostenida falta de criterio a la hora de redactar o reformar sus textos rituales. Son los propios masones los que deberían dar el primer paso efectuando una profilaxis de sus rituales con el fin de eliminar tales es-

---

[51] *Ibidem,* pp. 780, 803, 811 y 813.
[52] Jonathan BLANCHARD, *Scotch Rite Masonry Illustrated: the complete ritual of the ancient and accepted Scottish Rite profusely illustrated, cit.,* p. 472.

cenas. Estas son, en suma, las luces y las sombras de la masonería. Si bien es cierto que la masonería especulativa tuvo el mérito de ser la primera asociación civil de la historia de la Humanidad que asumió la pura práctica de la fraternidad como finalidad, es una lástima que la filosofía implícita en algunos de sus altos grados haya empañado ese loable propósito. En este sentido, la masonería fue y es un magnífico programa que ha cosechado indiscutibles éxitos, aunque continúa lastrado por sus contradicciones internas. En definitiva, un magnífico proyecto, pero negligentemente ejecutado. ⚒

Apercepciones sobre la
iniciación masónica

Javier Alvarado Planas

MASÓNICA

sanz y torres

Una guía clara y apasionante para entender qué es la iniciación masónica. Desde las raíces bíblicas hasta el hermetismo, la Cábala, el Temple y la tradición clásica. Explica el sentido del rito de recepción y ofrece claves prácticas de Compañero y Maestro. Desenreda símbolos, fuentes y malentendidos con rigor y lenguaje accesible. Imprescindible para masones y curiosos que buscan un mapa fiable del Arte Real.

José A. Ferrer Benimeli, Doctor en Filosofía y Letras (Historia), profesor jubilado de Historia Contemporánea en la Universidad de Zaragoza, presidió el Centro de Estudios Históricos de la Masonería Española (CEHME) desde su creación en 1983 hasta 2009 siendo desde entonces su presidente de Honor. Correspondiente de la Real Academia de la Historia, especialista en la historia de la masonería y de la Compañía de Jesús, publicó en varios idiomas más de cuarenta libros y de medio millar de monografías.

LA
CONSPIRACIÓN
JUDEOMASÓNICA

José A. Ferrer Benimeli

Entre los tópicos desarrollados con éxito por una cierta clase de literatura y publicaciones con finalidad exclusiva o primordialmente antihebráicas y antimasónicas, se encuentra el que identifica a la Masonería con el Judaísmo internacional, del que sería una de sus armas de influjo y expansión[1].

Sin querer dar más importancia a un hecho que, tal vez, no supere la categoría de lo anecdótico, pero que no fue único ni en el tiempo ni en su localización, podemos citar el libro publicado en Barcelona en 1932 por el masón y ex-sacerdote Pey Ordeix, con el título *Jesuitas y Judíos ante la República. Patología Nacional*, donde, esta vez, el peligro judeomasónico es sustituido -precisamente por un neoconverso masón- por el peligro judeojesuítico a través de una serie de largos capítulos donde se habla de los «jesuitas transjudíos», y de la «sangre judaica del jesuitismo», del «catolicismo judaico» y del «judaísmo católico»[2].

Entre ambos extremos se podría citar una serie de asuntos, o «escándalos», hábilmente utilizados por la prensa, como el caso Dreyfus, el de Stavinsky, etc.[3] que contribuyeron desde finales del siglo XIX a la identificación de dos instituciones que muy poco tienen que ver como tales, aunque a nivel personal haya habido y siga habiendo las interrelaciones propias de una sociedad,

---

[1] Sobre esta cuestión cfr. FERRER BENIMELI, J.A., *El contubernio judeo-masónico-comunista*, Madrid, Istmo, 1982.

[2] PEY ORDEIX, *Jesuitas y Judíos ante la República. Patología Nacional*, Barcelona, Ed. Maucci, 1932.

[3] JAREÑO LÓPEZ, J., *El affaire Dreyfus en España (1894-1906)*, Murcia, Ed. Godoy, 1981. Cfr. en especial *La Lectura Dominical* [Madrid] del 27 de febrero 1898; FERRER BENIMELI, J. A., «El affaire Dreyfus. Ecos en la prensa española», *Historia 16* [Madrid], XIX, n° 222 (octubre 1994) 82-86.

como la masónica, que quiere hacer de la tolerancia y fraternidad sus más firmes características.

En cualquier caso, la bibliografía relacionada con la Masonería y el Judaísmo es tan copiosa como -en muchos casos- carente de valor, y abarca toda una gama de literatura que va desde los libros y revistas especializadas a los simples artículos de prensa, folletos, hojas y panfletos[4].

Hay quienes se preguntan si la Francmasonería es judía; otros identifican sin más a los masones con los judíos, o a éstos con la tolerancia moderna, o con el odio a la Iglesia. Estas características del peligro judeomasónico contra la Iglesia católica y contra algunos países en concreto, como, por ejemplo, España, fueron ya copiosamente cultivadas en el último tercio del siglo XIX entre otros por Vicente de la Fuente en su *Historia de las Sociedades Secretas antiguas y modernas, y especialmente de la Francmasonería* (Madrid, 1874); Tirado y Rojas, *La Masonería en España* (Madrid, 1893) y *Las Tras-logias* (Madrid, 1895), y poco después por Nicolás Serra y Causa, *El Judaísmo y la Masonería* (Barcelona, 1907), en los que domina la idea fija de que el Judaísmo es el padre y origen de la Masonería y de cuanto de malo y revolucionario ocurre en el mundo.

El odio hacia el judío -identificado sin más con el sionista- fue alimentado por publicaciones que, en muchos casos, tenían su origen en los célebre *Protocolos de los Sabios de Sión*[5], y sirvieron no sólo para mentalizar a ingenuos y fanáticos, sino para predicar, justificar y practicar todo tipo de violencias contra los israelitas, e indirectamente contra los masones, presentados ambos como abominables conspiradores. Y se hizo especialmente sensible durante la II República en tres sectores de la opinión pública: el católico, el falangista[6] y la prensa conservadora, coincidentes no solo en su actitud antimasónica y antijudía, sino incluso en su formulación.

Por lo que respecta al primer apartado Teodoro Ruiz publicaba sus *Infiltraciones judeomasónicas en la Educación Católica* (Madrid, 1932); J. Bahamonde, *El nuevo régimen desenmascarado* (Paris, 1932), Antonio Suárez Guillén, *Los Masones en España* (Madrid, 1932) y se reeditaba la obra del obispo Torras i Bagés *¿Qué es la Masonería?* (Barcelona, 1932).

---

[4] Una selección en FERRER BENIMELI, J. A. - CUARTERO ESCOBES, S., *Bibliografía de la Masonería*, Madrid, FUE, 2004, 3 vols.

[5] FERRER BENIMELI, J. A., «Los Protocolos de los Sabios de Sión», en *Los judíos en la Historia de España* [J. TUSELL, Coord.], Calatayud, UNED, 2003, pp. 59-87; Idem, «Judaïsme et Franc-Maçonnerie. Du péril jacobin de Barruel au complot sioniste des 'Protocoles des Sages de Sion'», en *L'Affaire Dreyfus. Juifs en France*, Besançon, Cêtre, 1994, pp. 105-131.

[6] Se entiende aquí por Falange, la de la II República tanto en su versión JONS de Valladolid, como Falange Española de Madrid. Cfr. RODRIGUEZ JIMENEZ, J. L., *Historia de la Falange Española de las JONS*, Madrid, Alianza Ed., 2000.

LA CONSPIRACIÓN JUDEOMASÓNICA

Ese mismo año el sacerdote catalán Juan Tusquets presentaba su libro *Orígenes de la revolución española* (Barcelona, 1932), e iniciaba una colección antisectaria y más concretamente antimasónica, bajo el título de «Las Sectas», con títulos como *Los poderes ocultos de España. Infiltraciones masónicas en el catalanismo* (Barcelona, 1932), *José Ortega y Gasset, propulsor del sectarismo intelectual* (Barcelona, 1932), *Lista de talleres masónicos españoles en 1932* (Barcelona, 1932), *La Masonería descrita por un grado 33* (Barcelona, 1933), *Vida y propaganda sectarias* (Barcelona, 1933), *El Masonismo de Maciá* (Barcelona, 1933), *Masonería, Judaísmo y Fascismo* (Barcelona, 1933), *La dictadura masónica en España y en el mundo* (Barcelona, 1934), *Los secretos de la política española* (Barcelona, 1934), *El espiritismo y sus relaciones con la masonería* (Barcelona, 1934), *La Iglesia y la Masonería. Documentos pontificios* (Barcelona, 1934), *El Judaísmo* (Barcelona, 1935)... Libros que por parte masónica tuvieron su respuesta en Ramón Díaz, *La Verdad de la Francmasonería. Réplica al libro del presbítero Tusquets* (Barcelona, 1932) y Matías Usero, *Mi respuesta al P. Tusquets* (La Coruña, 1933).

La colección dirigida por Tusquets se destacó por su agresividad, virulencia y reaccionarismo, más o menos comprensible dentro del contexto histórico de lucha política e ideológica en que tuvieron lugar. Y contribuyeron a crear en ciertos ambientes, católicos especialmente, un estado de ánimo y posturas antimasónicas en las que no siempre primaron ni la objetividad, ni la serena información, ya que en muchos casos los ataques contra la masonería, o si se prefiere el binomio masonería-judaísmo, están basados en el falseamiento y deformación sistemática.

En esta campaña de prensa y mentalización contra la masonería, por parte de elementos clericales y de las derechas de la época, hay que citar también algunas revistas como *Los Cruzados*, Cuadernos de Información antimasónica, editados en Barcelona; *Atenas*, revista de Información y Orientación pedagógicas, que se dedicó desde su aparición de la actuación de la Masonería en el ministerio de Instrucción Pública; al igual que el semanario *Los Hijos del Pueblo*, u otras revistas católicas como *El Mensajero del Corazón de Jesús, Estrella del Mar, Sal Terrae*, etc., que se ocuparon con frecuencia de la masonería.

Otro tanto habría que decir de ciertos periódicos como *El Debate*, obsesionado especialmente por el tema masónico, al que dedicó abundantes trabajos, como el de Luis Getino, *La Masonería contra España*, en su número extraordinario de febrero de 1934, o los titulados *Los archivos de la masonería francesa* (1 de abril 1934), *La Masonería y el affaire Stavisky* (enero 1934), etc.

Si todavía añadimos los opúsculos y hojas de propaganda antimasónica editados por el Apostolado de la Prensa, la F.A.E., de Broma y de Veras, etc., nos encontramos con títulos tan curiosos como *Frailes, curas y masones* y

Los secretos de la Francmasonería (opúsculos núms. 114 y 69 del Apostolado de la Prensa). *Manual de la Liga Antimasónica* (Barcelona, 1933), *Máximas políticas* (extracto de un papel de 1823 cogido a los masones del G. O. español) publicadas en la revista *De Broma y de Veras* (mayo 1933), *La Masonería* (nº 94 de «Rayos de Sol», editados por *El Mensajero del Corazón de Jesús*). La serie antimasónica de propaganda de la F.A.E., publicó, entre otras hojas, las tituladas: *Masonería, Los hermanos Tres Puntos, Masonería y Comunismo, Odio masónico, Táctica masónica,* etc.

Publicaciones que en muchos casos corresponden a una de las fases de la II República española como reacción de las derechas y del clero ante la actitud adoptada por las Cortes Constituyentes y por el propio Gobierno republicano en relación con la cuestión religiosa.

Posteriormente, en 1937, el reverendo Tusquets fue nuevamente encargado de otra colección, que esta vez recibió el título de «Ediciones Antisectarias», publicada en el Burgos «Nacional» y en la que él mismo fue autor de *La Francmasonería, crimen de lesa patria, Masonería y separatismo* y *Masones y pacifistas* (Burgos, 1937 y 1939)[7]. Como dice Jordi Canal, entre los personajes destacados en la creación del juego contubernista sobresale el eclesiástico Juan Tusquets, que proporcionó muchos de los argumentos -o más precisamente ideas- utilizados por las derechas españolas durante la II República y la Guerra Civil de 1936-39 y, a la postre, por el franquismo[8].

Paralelamente las obras de León de Poncins fueron profusamente traducidas en España siendo una de las más reproducidas *Las fuerzas secretas de la Revolución. Francmasonería y Judaísmo* (Madrid, 1936).

El tema judeomasónico tuvo por esas fechas un especial arraigo y vinculación en España. En este sentido resultan característicos tanto el libro de V. Justel Santamaría, *Bajo el yugo de la Masonería judaica* (Sevilla, 1937), como el de Pío Baroja, *Comunistas, judíos y demás ralea* (Valladolid, 1938) en el que no solamente son importantes la fecha y lugar de edición, sino el que en él se diga que en todos los movimientos sociales subversivos hay siempre un fermento judaico, y se afirme textualmente que «en la protesta rencorosa contra la civilización aparece el Judaísmo en forma de Masonería, comunismo o anarquismo[9]. En la misma línea están las obras de Ferrari Billoch, *Así es la sec-*

---

[7] Otras obras de la misma colección fueron OJEDA, J.M. *Vida política de un grado 33*, Burgos, 1937; NAVARRO, J.A., *Historia de la Masonería Española*, Burgos, 1938; IBAÑEZ, P., *La Masonería y la pérdida de las colonias*, Burgos, 1938.

[8] CANAL, J., «Las campañas antisectarias de Juan Tusquets (1927-1939): Una aproximación a los orígenes del contubernio judeo-masónico-comunista», en FERRER BENIMELI, J.A. (Coord.), *La Masonería en la España del siglo XX*, Toledo, Universidad de Castilla La Mancha, 1996, t. II, pp. 1193-1214.

[9] GONZALEZ MARTIN, J., «La crítica contubernista. Mito y antropología en el pensamiento barojiano (1911-1936)», en *op. cit.*, *La Masonería en la España del siglo XX*, t. II, pp. 789-814,

ta. Las logias de Palma e Ibiza (Palma de Mallorca, 1937), *La Masonería al desnudo* (Madrid, 1939) y *Entre Masones y Marxistas* (Madrid, 1939).

En un segundo apartado la «conspiración judeomasónica» tuvo mayor incidencia durante la II República entre los ideólogos y medios de comunicación falangistas, y en menor medida en el tradicionalismo sevillano de Fal Conde[10].

En este sentido resulta significativo que el mismo año que Alfonso Jaraix y Juan Tusquets se ocupaban de los *Protocolos* y su aplicación en España[11], Onésimo Redondo traducía y publicaba en Valladolid los *Protocolos de los Sabios de Sión.* Para ello se sirvió del órgano de expresión de las J.O.N.S., *Libertad,* fundado el 13 de junio de 1931, y que acabaría siendo reemplazado por *Igualdad,* a raíz de ciertas suspensiones gubernamentales. Los temas más queridos del fundador de estos semanarios fueron la simpatía por el nazismo y fascismo y el antisemitismo a ultranza. Onésimo Redondo, a partir de una estancia en Alemania que le marcó profundamente, empezó a publicar en el semanario *Libertad* una traducción de *Los Protocolos,* siguiendo la versión francesa de Roger de Lambelin del año 1931, hecha exprofeso para *Libertad*[12]. Fueron un total de veintiún capítulos repartidos entre los meses de febrero y julio de 1932.

Onésimo Redondo volvería a ocuparse del tema en sendos artículos publicados el 27 de junio y el 11 de julio del mismo año, bajo el título de *Los manejos de Judea: El autor y el precursor de los «Protocolos»* y «*El Precursor de los Protocolos.*

Llama la atención la importancia dada en este semanario falangista al tema de los judíos con artículos como *El peligro judío* (nº 3, 27 de junio 1932), tomado de *El Judío Internacional* de Henry Ford; *El Comunismo y los judíos. Intervención de los hebreos americanos en la revolución rusa* (nº 16, 28 de septiembre 1931) también tomado del libro de Henry Ford; *Las garras del judaísmo* (nº 28, 21 de diciembre 1931); *Stawisky el judío* (nº 70, 15 enero 1934)[13].

---

y «La masonería en Pío Baroja. Un estudio de *Con la pluma y el sable*», en FERRER BENIMELI, J. A., (Coord.), *La Masonería española entre Europa y América*, Zaragoza, Gobierno de Aragón, 1994, T. II, PP. 641-658.

[10] BRAOJOS GARRIDO, A., «Tradicionalismo y antimasonería en la Sevilla de la II República. El semanario 'El Observador'», en FERRER BENIMELI, J. A. (Coord.), *Masonería, política y sociedad*, Zaragoza, CEHME, 1989, t. I, pp. 381-402.

[11] JARAIX, A.- TUSQUETS, J., *Los poderes ocultos de España. Los Protocolos y su aplicación en España*, Barcelona, E. Vilamala, 1932.

[12] Lo curioso es que los *Protocolos* ya habían sido traducidos y publicados en España, cinco años antes, esta vez en la versión de Monseñor JOUIN, *Los peligros judío-masónicos. Los Protocolos de los Sabios de Sión* (Edición completa con estudios y comentarios críticos de Mons. ***), Madrid-Burgos, Aldecoa, 1927.

[13] Este periódico duró hasta mayo de 1935, en que Primo de Rivera decidió interrumpir su publicación a causa de los artículos demasiado favorables a Ledesma, entonces separado de la Falange.

Paralelamente, en el mismo semanario *Libertad*, la masonería protagonizó no pocos artículos ya desde 1931. Algunos títulos pueden ser significativos: *Un sucio negocio masónico* (n° 10, 17 de agosto 1931); *Fuerzas secretas: La Masonería como hecho actual* (n° 11, 31 de agosto 1931); *La Masonería y la enseñanza* (n° 27, 14 de diciembre 1931); *La Masonería y la prostitución* (en el mismo número); *Lerroux y la Masonería* (n° 48, 9 de mayo 1932); ... *La Masonería triunfa* (n° 76, 26 de febrero 1934); *La Masonería y los Cabarets* (n° 86, 4 de junio 1934); *La Masonería es la que manda* (n° 115, 31 de diciembre 1934); *La Francmasonería y la verdad* (n° 127, 128 y 130 del 25 de marzo, 1 y 5 de abril 1935)[14].

Por su parte Ramiro Ledesma Ramos fundó en 1931 el «semanario de lucha e información política» *La Conquista del Estado* donde la masonería es implicada especialmente en la crisis política, social y económica de España siendo identificada con el Estado liberal-burgués. En un artículo de octubre de 1931 Ledesma Ramos dirá que las J.O.N.S. tienen dos fines prioritarios: «Subvertir el actual régimen masónico anti-español, e imponer por la violencia la más rigurosa fidelidad al espíritu de la Patria».

La progresiva radicalización ideológica de Ramiro Ledesma Ramos -que le llevará incluso a la ruptura con el cuerpo falangista de Primo de Rivera y Onésimo Redondo- derivó hacia un extremismo verbal en el que identificó sin más el antimarxismo con la lucha radical contra la burguesía, el antiparlamentarismo y el ataque frontal a la masonería. Especialmente significativas son las siguientes palabras de Ledesma[15], aparecidas en *La Patria Libre*[16] en las que ya se configura el modelo de contubernio masónico: «La masonería, en su doble aspecto de secreta y exótica, es perjudicial para los intereses nacionales y para la seguridad de la paz y el orden público (...) En la pérdida de nuestras colonias, en todas las revoluciones y cambios de régimen, en las diversas campañas de propaganda antiespañola en el extranjero, se ha visto clara la mano de la masonería (...) Estamos alerta. La masonería tiene estudiados planes de gran envergadura, cuya realización es indispensable paralizar. Pero a la masonería solamente se la puede aniquilar desde el Poder, y utilizando todos los resortes poderosos del Estado (...) Procuremos defendernos contra ella como podamos. Este periódico intenta ser uno de los más firmes baluartes antimasónicos»[17].

---

[14] Otro tanto habría que decir de los artículos dedicados a la exaltación de Hitler y Mussolini.

[15] Que unos años después retomaría Franco con ligeras variantes en el prólogo a la ley de 1° de marzo de 1940. MORALES RUIZ, J. J., *La publicación de la ley de represión de la masonería en la España de postguerra*, Zaragoza, Institución Fernando el Católico, 1992.

[16] La revista *JONS* sustituyó a *La Conquista del Estado* entre mayo de 1933 y agosto de 1934. Aparecieron once números. Tras la ruptura de Ledesma con la Falange fundó *La Patria Libre* el 16 de febrero de 1935, que tan solo tuvo siete números hasta el 30 de marzo de 1935.

[17] *La Patria Libre*, n° 2, 23 de febrero 1935: «La masonería tiene en nosotros un peligro».

LA CONSPIRACIÓN JUDEOMASÓNICA

A las figuras de Onésimo Redondo y Ramiro Ledesma Ramos hay que añadir lógicamente la de José Antonio Primo de Rivera, las tres analizadas con el rigor que le caracteriza por Ricardo Manuel Martín de la Guardia en su brillante trabajo dedicado a Falange y masonería durante la II República[18]. Efectivamente, José Antonio Primo de Rivera también se ocupó de la masonería en sus discursos y desde publicaciones como *F. E.* y *Arriba*. Sobre todo centró su atención en la idea de dependencia que España mantenía respecto a poderes internacionales al servicio de las logias. En un discurso pronunciado en Cádiz el 12 de noviembre de 1933 llegó a decir que «España no es independiente. Los hombres que han regido España reciben sus consignas o de la logia de París o de la Internacional de Amsterdam»[19]. Para José Antonio el llamado bienio progresista sirvió para que España fuera colonizada por tres poderes extranjeros: la Internacional Socialista, la masonería y el Quai d'Orsay. Y para remediarlo abogará por el uso de la violencia[20].

Primo de Rivera estaba convencido de quienes eran los culpables del caos político, social y económico por el que atravesaba la España de la II República, y en consecuencia defendió la instauración de un nuevo orden como vía única para acabar con la lucha de clases, la insolidaridad, el separatismo, el marxismo desintegrador, la masonería...[21].

Tras la fundación de Falange Española, el 29 de octubre de 1933, salió a la calle una nueva revista *F. E.*[22] en la que la mayoría de los artículos relacionados con la masonería están firmados por José Antonio Primo de Rivera. Ian Gibson comentando algunos de ellos dice que *F. E.* odiaba a los masones tanto o más que a los judíos, viendo por doquier «la sombra de un triángulo que ya se ha hecho tristemente célebre en España». Otra de las ideas coincidentes con sus camaradas de ideología es que los masones estaban organizando una vasta conspiración internacional para hundir a España...; y en es-

---

[18] MARTIN DE LA GUARDIA, R. M., «Falange y Masonería durante la II República: Hacia la configuración del modelo de Contubernio», en FERRER BENIMELI, J. A. (Coord.), *Masonería, revolución y reacción*, Alicante, Instituto de Cultura 'Juan Gil Albert', 1990, t. I, pp. 497-511. Como complemento cfr. también el fundamental estudio de RODRIGUEZ JIMENEZ, J. L., «El discurso antisemita en el fascismo español» en *op. cit. Los Judíos en la Historia de España*, pp. 89-129.

[19] PRIMO DE RIVERA, J. A., *Obras completas*, Madrid, 1971, p. 75. También Francisco Franco se apropió de esta idea que protagonizará no pocos de sus discursos.

[20] PRIMO DE RIVERA, J. A., «La violencia y la Justicia (carta al camarada Julián Pemartín)» en *Obras completas*, op. cit., p. 49.

[21] A este propósito Ricardo de la Guardia trae una cita de MUÑOZ ALONSO, A., en *Un pensador para un pueblo*, Madrid, 1974, p. 128: «La fraternidad proclamada por el Estado liberal no es una palabra vana, es una contradicción sangrienta. El sistema, el instrumento y el órgano del Estado liberal se basan y funcionan alimentando odios y agudizando divisiones».

[22] De la que tan solo vieron la luz catorce números hasta el 19 de julio de 1934 en que desaparece.

ta lucha de destrucción eran cómplices comunistas, socialistas, masones, judíos, pacifistas y demás enemigos internacionales del país[23].

El semanario *Arriba*, que sustituyó a *F. E.* continuó en su lucha contra el capitalismo judío e internacional y «la democracia masónica envilecedora del ser español»[24]. Pero la redacción de *Arriba* no consideró necesario dedicar ni un solo editorial a la masonería. El tema masónico aparece en sus páginas diluido en el discurso general, sin ocupar un lugar central. Más que la influencia directa de José Antonio, encontramos la de otros líderes falangistas como Fernández Cuesta que no duda en afirmar que «la Falange quiere transformar España de arriba a abajo, acabar como sea con el separatismo, la masonería y el marxismo»[25], o de Emilio Alvargonzález: «Hay que arrojar de España esas intrusas influencias. Tenemos que ahogar la calculada e interesada actuación de sus medios: el capitalismo, la masonería, el socialismo y el comunismo»[26].

Sin formar parte del eje central y esencial de la Falange, sin embargo la masonería, a través del *Arriba* de la primera época, formará parte del discurso general del fascismo español, especialmente en la tipificación de la Anti-España: «Los enemigos de España son tres: el comunismo, el gran capitalismo internacionalista y las pandillas políticas»; «los antiespañoles son los masones, separatistas, comunistas y socialistas», «hay que acabar como sea con el separatismo, la masonería y el marxismo», «con los judíos que entran, los masones que brotan, y los separatistas que se afianzan», siendo uno de los eslogan favoritos: «Jamás las fuerzas antinacionales: ni el marxismo, ni la masonería, ni el separatismo»[27].

Aunque los dos grandes enemigos de la «España moral» en el discurso falangista son el marxismo y el capitalismo, sus compañeros de viaje son siempre la masonería y el judaísmo, sin olvidar a socialistas, comunistas y separatistas. Por otra parte hay que destacar en primer lugar la supuesta obediencia de la masonería a poderes extranjeros, especialmente el judaísmo -influjo tal vez del fascismo alemán- y en segundo lugar el hecho de que la masonería aparece siempre rodeada del resto de «enemigos»: marxismo, separatismo, capitalismo, comunismo, etc.

---

[23] GIBSON, Ian, *En busca de José Antonio*, Barcelona, Planeta, 1980, p. 87.

[24] *Arriba*, nº 9, 16 de mayo 1935.

[25] *Arriba*, nº 25, 26 de diciembre 1935.

[26] *Arriba*, nº 24, 19 de diciembre 1935.

[27] BARRAGAN MORALES, A. - DEL VALLE CALZADA, A. R., «El semanario *Arriba*. La masonería en el discurso falangista, 1935-1936», en *op. cit. La Masonería en la España del siglo XX*, t. II, pp. 671-684. Cfr. también FERRER BENIMELI, J. A., «La prensa fascista y el contubernio judeo-masónico-comunista», en FERRER BENIMELI, J. A. (Coord.), *Masonería y periodismo en la España contemporánea*, Zaragoza, Prensas Universitarias, 1993, pp. 209-227.

Coincidente en el tiempo, pero desde otra óptica, nos adentramos en el tercer apartado de la mano de Isabel M.ª Martín Sánchez y su extraordinaria tesis doctoral *El mito masónico en la prensa conservadora durante la Segunda República*[28] donde demuestra cómo la propaganda antimasónica y antijudía fue utilizada también por sectores de la derecha católica española a través de la prensa como arma ideológica para combatir al régimen republicano. Y en ella -al igual que en la literatura y prensa falangista- encontramos también las bases del discurso franquista posterior, caracterizado por su repulsa visceral hacia aquellos grupos -masonería, comunismo, judaísmo- que la propaganda católica y derechista de la II República pintó unidos, en confabulación contra la patria. Estamos una vez más en el origen del que luego se hará popular «contubernio judeo-masónico-comunista», tan utilizado para sostener la dictadura, bajo la idea de la necesidad de proteger a España de esa amenaza. Tesis que viene a confirmar y completar lo ya avanzado por la misma autora y otros miembros del Centro de Estudios Históricos de la Masonería Española [CEHME] en varios de sus trabajos[29].

Isabel M.ª Martín, al igual que Agustín Martínez de las Heras, demuestran con claridad como la difusión del mito masónico-judaico, a través de la prensa católica y de derechas madrileña, se instrumentalizó no solo contra la masonería, sino fundamentalmente contra la República. Los periódicos de Madrid analizados son *ABC, El Debate* -también estudiado por Francisco Javier Alonso Vázquez[30], *El Siglo Futuro, La Nación, Informaciones* y *Ya*, dejando fuera otros como *Gracia y Justicia* que ya fue estudiado por Fernando Montero Pérez Hinojosa[31] y que es coincidente en su doble carácter antirrepublicano y antimasónico, al identificar República con masonería. Razón por

---

[28] MARTIN SANCHEZ, I. M.ª, *El mito masónico en la prensa conservadora durante la II República* [Tesis doctoral inédita], Madrid, Universidad Complutense. Facultad de Ciencias de la Información, 2001. Véase un breve adelanto en «El mito masónico en la prensa católica de la II República. Aspectos generales», en FERRER BENIMELI, J. A. (Coord.), *La Masonería española en el 2000. Una revisión histórica*, Zaragoza, Gobierno de Aragón, 2001, t. II, pp. 737-756.

[29] MARTINEZ DE LAS HERAS, A., «La imagen 'antimasónica' en la prensa de la II República», en *op. cit. Masonería y periodismo en la España contemporánea*, pp. 97-132; MARTIN SANCHEZ, I. M.ª, «La visión de la Masonería desde ABC durante el primer bienio de la II República española», en *op. cit., La Masonería en la España del siglo XX*, t. II, pp. 655-670; MARTINEZ DE LAS HERAS, A., «El discurso antimasónico de *Los Hijos del Pueblo*», *ibidem*, pp. 713-750.

[30] ALONSO VAZQUEZ, F. J., «Las alusiones de *El Debate* a la institución de la masonería durante la II República», *Ibidem*, pp. 701-712.

[31] MONTERO PEREZ HINOJOSA, F., «Gracia y Justicia: Un semanario antimasónico en la lucha contra la II República española», FERRER BENIMELI, J. A. (Coord.), *La Masonería en la Historia de España*, Zaragoza, Gobierno de Aragón, 1985, pp. 385-408. Es solo una muy breve síntesis de la tesis [todavía inédita] que lleva el mismo título y que se defendió en la Universidad de Zaragoza el curso 1979-80.

la que el descrédito de la República pasaba por el ataque y la burla contra la masonería. Burla caricaturesca que se extiende a los principales republicanos acusados de masones. Por otra parte la masonería es considerada culpable de todos los males que sufría el país, estando subordinadas a ella las demás fuerzas políticas y sociales. A su vez las logias son presentadas como los antros desde los cuales se dirigía la política española, conduciéndola hacia el caos. Labor en la que colaboraban, entre otros, el marxismo y el judaísmo, sin olvidar el separatismo.

La novedad y coincidencia de los periódicos en cuestión, a los que se podrían añadir otros de «provincias», como *La Verdad* y *El Triunfo*, de Granada de los que se ocupa Eduardo Enríquez del Arbol[32], y prácticamente todos los castellano-leoneses desde los *Diarios* de *Avila*, *Burgos* y *Palencia*, al *Adelantado de Segovia*, *El Norte de Castilla*, *Diario Regional de Valladolid*, *Heraldo* y *Correo de Zamora*, etc. estudiados por Galo Hernández Sánchez[33] y Pablo Pérez López[34], radica en que el «mensaje» antimasónico y antijudío se encuentra no solo en los editoriales, noticias, comentarios, notas, avisos y colaboraciones, sino sobre todo en el discurso iconográfico, eminentemente «visual» y «humorístico» que resulta fundamental por su rápida aceptación y repercusión popular y su fácil incitación al estereotipo a través de chistes, viñetas, recuadros, etc.

El consabido mito de la relación entre masones, judíos y comunistas, que luego quedará configurado como «contubernio judeo-masónico-comunista» llega a tener una sección, por ejemplo, en *Los Hijos del Pueblo*, titulada «Judíos y masones», siendo uno de los temas recurrentes del semanario[35], al igual que el marxismo vinculado en particular con judíos y masones. Sobre este particular resulta sintomático el siguiente párrafo: «Para imponer su dominio a los pueblos, los judíos disponen de su Alta Banca, de la Prensa, que está casi toda entre sus manos, y de tres importantes organizaciones: la

---

[32] ENRIQUEZ DEL ARBOL, E., «La Masonería en la prensa carlista y católica», en *op. cit Masonería y periodismo en la España contemporánea*, pp. 31-48.

[33] HERNANDEZ SANCHEZ, G., «La utilización del tema masónico como recurso propagandístico en la prensa diaria castellano-leonesa durante el bienio azañista (1931-1933)», en *op. cit. La Masonería en la España del siglo XX*, pp. 599-628; «Masonería y prensa católica durante el bienio azañista (1931-1933). El 'Diario de Avila'. Un precedente más del contubernio judeo-masónico», en *op. cit. La Masonería española entre Europa y América*, t. II, pp. 671-694.

[34] PEREZ LOPEZ, P., «La Masonería en la prensa confesional en Castilla durante la II República y la guerra civil», en *op. cit. Masonería, revolución y reacción*, t. II, pp. 391-410.

[35] Con este motivo la figura de Fernando de los Ríos -simpatizante de la causa hebrea- será destacada profusamente en viñetas, chistes, etc.

masonería, el socialismo y el comunismo»[36]. Por su parte en *Gracia y Justicia* del 4 de enero 1936 se preguntaban:

> Marxismo internacional,
> Masonismo extranjero
> Judaísmo si patria
> ¿Qué tiene que soportarlos España?

Y poco después (25 de enero), como complemento de los «versos» anteriores, volvía *Gracia y Justicia* con sus ripios acostumbrados:

> Contra los judíos, la raza española
> Contra los marxistas, los patriotas
> Contra los masones, España cara a cara
> Contra la Masonería, el judaísmo y el marxismo
> y sus cómplices
> Contra los rusos, que son de abrigo, aunque el
> pobre comunismo va a cuerpo.

El humor gráfico que destacan y recogen tanto Martínez de las Heras, como Isabel Martín Sánchez constituye una parte esencial en este tipo de prensa. Humor en el que la configuración del contubernio judeo masónico comunista cuenta con una rica e importante colección de chistes, viñetas, dibujos, etc. Esta iconografía se hizo igualmente profusa en carteles electorales y eslóganes, sobre todo a raíz de las elecciones de 1933 y 1936, y en las portadas de libros y folletos de la época. Así son representativos, entre otros, el cartel de Acción Popular de 1933 en el que están figurados cuatro fantasmas que llevan los símbolos del comunismo, masonería, separatismo y judaísmo; y al pie se puede leer: «Marxistas, masones, separatistas, judíos quieren aniquilar España. Votad a las derechas. Votad contra el marxismo». O el de la Derecha Regional de Valencia, de 1936, en el que el mapa de España se ve atravesado por tres lanzas esgrimidas por tres brazos en los que se lee: Masonería, Separatismo, Comunismo. Más conocido es el de la guerra civil, en color, en el que sobre el fondo de una bandera española, un soldado con una escoba está barriendo a dos personajes que simbolizan los «politicastros» y la «injusticias social», así como al bolchevismo, masones, FAI y separatismo representados por sus correspondientes símbolos.

Paralelamente las portadas de algunas publicaciones de la época son suficientemente expresivas de la configuración visual del «contubernio» o conspiración en su triple versión judeo-masónico-comunista, que con algunas variantes (introducción del anarquismo, socialismo y separatismo) a partir de

---

[36] *Los Hijos del Pueblo*, nº 28, 31 de marzo 1932.

1936 formará también parte fundamental de la ideología de Franco y su sistema. Así son de destacar las tres versiones de la portada del libro de Mauricio Karl (Carlavilla), *Asesinos de España: Marxismo, anarquismo, masonería* (Madrid, 1935)[37] en la que el escudo de España aparece roto y a su lado tres puños sangrientos levantados en alto, en cuyos antebrazos aparece la escuadra y el compás, la hoz y el martillo y la sigla FAI. Por su parte las Publicaciones de Propaganda Social editaron un folleto titulado *Los Hermanos Tres Puntos*, con tres recuadros característicos: en el primero la escuadra y el compás rodeados de la hoja de acacia, en el segundo la hoz y el martillo, y en el tercero la caricatura de un judío[38].

En vísperas de las elecciones del 36 que darían la victoria al Frente Popular hay dos viñetas tituladas «16 de febrero» muy parecidas en su intencionalidad. La primera pertenece a *Informaciones* del 11 de enero de 1936. Sobre el mapa de España se ve un zapato que de una patada echa del mapa el triángulo y el compás entrelazos con la hoz y el martillo, y el símbolo del separatismo representado con la barretina y la estrella de cinco puntas.

Y así llegamos al epílogo o lo que podríamos denominar el todavía republicano primer franquismo en el que ya adquirirá carta de ciudadanía el famoso «contubernio» que acompañará a Franco hasta su último mensaje público en el balcón del palacio de Oriente, el 1º de octubre de 1975 -pocas semanas antes de morir- cuando afirmó que contra España existía «una conspiración masónico-izquierdista en la clase política, en contubernio con la subversión comunista-terrorista en lo social».

En este sentido conviene recordar que la cruzada antimasónica de Franco se remonta a los meses de mayo y agosto de 1935 cuando fueron cesados seis generales incluidos en la relación de militares masones presentada al Congreso de los Diputados el 15 de febrero de 1935 por el señor Cano López[39]. Los cesados fueron:

José Riquelme y López Bago, jefe de la 8ª División Orgánica (24-V-1935).

Eduardo López Ochoa, jefe de la 3ª Inspección del Ejército (10-VI-1935).

Toribio Martínez Cabrera, Director de la Escuela Superior de Guerra (13-VI-1935).

---

[37] En 1945 volvió a reeditarlo.

[38] Aunque el folleto en cuestión, de la «serie antimasónica» no lleva fecha de edición, todo parece indicar que debió de salir a finales de 1932 o principios de 1933.

[39] Sobre esta cuestión cfr. FERRER BENIMELI, J. A., *Masonería española contemporánea*, Madrid, Siglo XXI Ed., 1980, vol. II, pp. 231-237; ARBELOA, V. M., «La Masonería y la legislación de la II República», *Revista Española de Derecho Canónico* [Madrid], nº 108 (Septiembre-diciembre 1981) 386. Gil Robles ya se había manifestado claramente cuando intervino en el Congreso, a raíz de la propuesta de Cano López, de que ningún miembro de las fuerzas armadas pudiera pertenecer a la Masonería. GIL ROBLES, J. Mª, *Discursos parlamentarios*, Madrid, Taurus, 1981, p. 415.

Manuel Romerales Quintero, jefe de la Circunscripción 0. De Marruecos (1-VIII-1935).

Rafael López Gómez, jefe de la 1ª Brigada de Artillería (1-VIII-1935).

Juan Urbano Palma, jefe de la 8ª Brigada de Infantería (8-VIII-1935)[40].

Siete días antes del cese del primer general masón, y a propuesta del ministro de la Guerra, Gil Robles[41] era nombrado jefe de Estado Mayor General del Ejército el general de división Francisco Franco Bahamonde, entonces jefe superior de las fuerzas militares de Marruecos[42]. Una semana antes de este nombramiento había tenido lugar el del general Fanjul para la Subsecretaría de Guerra. Pocos días después el general Mola era designado jefe superior de las fuerzas militares de Marruecos y el general Goded director general de Aeronáutica, conservando en comisión de funciones de la Tercera Inspección del Ejército. El 13 de junio de 1935 el general Espinosa de los Monteros ascendía a General Superior de Guerra[43].

Curiosamente todos estos generales serían protagonistas de la sublevación militar del 18 y 19 de julio de 1936, así como de la subsiguiente guerra civil. Por su parte de los seis generales masones cesados por el equipo Gil Robles-Franco Bahamonde, cinco también fueron protagonistas de la guerra, pero en el lado republicano[44].

Con la sublevación militar del 18 de julio de 1936[45] la historia de la conspiración judeomasónica pasa de una fase teórica a otra de persecución y sistemática destrucción. El primer decreto contra la masonería data ya del 15 de septiembre de 1936 y está dado en Santa Cruz de Tenerife por el entonces comandante en jefe de las Islas Canarias, general Angel Dolla[46].

---

[40] Cfr. la biográfica masónica de estos generales en PAZ SANCHEZ, M. de, *Militares masones de España. Diccionario biográfico del siglo XX*, Valencia, Historia Social, 2004.

[41] CABANELLAS, G., *La guerra de los mil días*, Buenos Aires, Heliasta, 1975, vol. I, p. 274.

[42] El decreto que lleva las firmas del presidente de la República, Niceto Alcalá Zamora, y del ministro de la Guerra, José Mª Gil Robles, está fechado el 17 de mayo de 1935. *Gaceta de Madrid*, nº 139, 19 de mayo 1935.

[43] BRAVO MORATA, F., *La República y el ejército*, Madrid, Fenicia, 1978, pp. 102-103.

[44] FERRER BENIMELI, J. A., op. cit., *Masonería española contemporánea*, vol. II, pp. 137-138. En algunos casos, como en Zaragoza, el capitán general, Cabanellas que era masón, se puso, sin embargo al lado de Franco, y no dudó en ordenar fusilar -vía Mola- al enviado especial del Gobierno republicano, el general de aviación Núñez de Prado, que también era masón.

[45] MOGA ROMERO, V., *Al Oriente de Africa. Masonería, guerra civil y represión en Melilla (1894-1936)*, Melilla, UNED, 2005. FERRER BENIMELI, J. A., «La Francmasonería y la Guerra Civil, en *Los nuevos historiadores ante la Guerra Civil española*, Granada, Diputación Provincial, 1990, vol. I, pp. 233-273.

[46] FERRER BENIMELI, J. A. «Militares masones en Canarias», en *VI Coloquio de Historia Canario-Americana (1984) (segunda parte)*, Las Palmas, Ed. Cabildo Insular de Gran Canaria, 1987, t. I, pp. 1001-1035.

En el primer artículo -de los cinco de que constaba- se decía que «la Francmasonería y otras asociaciones clandestinas eran declaradas contrarias a la ley. Todo activista que permaneciera en ellas tras la publicación del presente edicto sería considerado como crimen de rebelión[47]. Como consecuencia del decreto los inmuebles pertenecientes a la masonería fueron confiscados. El templo masónico de Santa Cruz de Tenerife fue cedido a Falange Española, que distribuyó y colocó el anuncio siguiente: «Secretariado de la Falange Española. Visita de la Sala de Reflexiones de la Logia Masónica de Santa Cruz: mañana domingo día 30, de 10 a 1 horas, y de 3 a 6 horas. Entrada 0,50 ptas».

El 21 de diciembre de 1938, Franco decretaba que todas las inscripciones o símbolos de carácter masónico o que pudieran ser juzgados ofensivos para la Iglesia católica fueran destruidos y quitados de todos los cementerios de la zona nacional en un plazo de dos meses.

Esta última medida contra la masonería fue justificada por uno de los personajes más próximos al régimen de Franco con las siguientes palabras:

«Nuestro programa según el cual el catolicismo debe reinar sobre toda España, exige la lucha contra las sectas anticatólicas, la Masonería y el Judaísmo... Masonería y Judaísmo, insistimos, son los dos grandes y poderosos enemigos del movimiento fascista para la regeneración de Europa y especialmente de España... Hitler tiene toda la razón en combatir a los judíos. Mussolini ha hecho quizás más por la grandeza de Italia con la disolución de la Francmasonería que con ninguna otra medida»[48].

A este propósito, Mauricio Karl [pseudónimo del policía Carlavilla, «especialista» en temas masónicos en la época de Franco] llegó a escribir estas palabras:

«Dichoso Hitler que puede asignar y negar nacionalidades guiado por el índice de una nariz ganchuda o por un rito talmúdico. Más desafortunados nosotros, tenemos que guiarnos para negar la nacionalidad por signos menos acusados: una confesionalidad masónica, no confesada jamás»[49].

Acerca de la psicosis antimasónica que desde las esferas oficiales se creó nada más empezar la guerra civil resulta sintomático seguir día a día lo que

---

[47] En el artículo 2º se decía: «El cobro y pago de cotizaciones en favor de dichas asociaciones serán considerados crimen de rebelión, sin perjuicio de la multa de 5.000 ptas. que puede ser además impuesta por la Junta de Defensa Nacional». Sobre esta cuestión cfr. el novedoso libro de SANLLORENTE, F., *La persecución económica de los derrotados. El Tribunal de responsabilidades políticas de Baleares (1939-1942)*, Palma, Font, 2005, Cfr. También ALMUIÑA FERNANDEZ, C., «Masonería y guerra civil. Propaganda antimasónica: 'La Francmasonería, crimen de lesa patria'», en *op. cit. Masonería y periodismo en la España Contemporánea*, pp. 155-174.

[48] *La Chaîne d'Union* [París], IV (abril de 1939) 354-355.

[49] KARL, M., *Asesinos de España: marxismo, anarquismo, Masonería*, Madrid, 1935.

los periódicos de Falange publicaban sobre la Masonería. A título de ejemplo y siguiendo *Amanecer*, de Zaragoza, encontramos todos los tópicos tradicionales de las dictaduras de la época[50], a saber, la identificación de los masones con los judíos[51], con los marxistas[52], anarquistas[53], y Frente Popular[54], al hacerlos causantes de todos los males del país[55], así como de haber organizado una campaña internacional de difamación del movimiento nacional[56].

De hecho -como hemos visto- la campaña falangista contra la masonería se había adelantado, siguiendo el ejemplo de Italia y Alemania, al propio Franco. Campaña que se arreció con el inicio de la guerra civil. Así, una proclama falangista de agosto de 1936 decía lo siguiente:

«¡Camarada! Tienes obligación de perseguir al judaísmo, a la masonería, al marxismo y al separatismo. Destruye y quema sus periódicos, sus libros, sus revistas, sus propagandas. ¡Camarada! Por Dios y por la Patria».

Pocos meses antes, en la campaña electoral de 1936 que la CEDA había llevado a cabo contra el Frente Popular, los partidarios de Acción Popular utilizaron también proclamas muy parecidas, como la que decía:

¡No pasarán! No pasará el marxismo. No pasará la masonería. No pasará el separatismo. España cierra sus puertas para impedirlo. Gil Robles pide al pueblo TODO EL PODER. ¡Votad a España! ¡Contra la Revolución y sus cómplices!

Javier Tusell dirá a este propósito que, según la propaganda tradicionalista, «los grandes enemigos de España eran el comunismo, el judaísmo y la masonería» siendo esta propaganda monárquica y tradicionalista «la más ex-

---

[50] FERRER BENIMELI, J. A., «La Franc-Maçonnerie face aux dictatures», Rev. *La Pensée et les Hommes* [Bruxelles], vol. 27, nº 1 (juin-juillet 1983) 5-18.

[51] Véase, entre otros, los artículos siguientes: *La Masonería al servicio del Judaísmo* (23 de marzo 1937), *La gran prensa de información internacional está ligada al servicio de la Judeo-masonería* (27 enero 1938). *La España roja sede del judaísmo internacional* (26 de marzo 1938), *Táctica masónico-judía: los infiltrados* (13 de mayo 1938), *La acción del judaísmo en España, visto por la prensa alemana* (6 de septiembre 1938)...

[52] Especialmente en los artículos: *Garrote vil - El masón* (21 de enero 1937), *Charla del general Queipo de Llano* (31 de agosto 1937), *El enemigo número 1* (24 de octubre 1937)...

[53] *La situación de Gerona y la obra destructora de la Masonería* (14 de enero 1937).

[54] *La Masonería contra España* (14 de noviembre 1936), *El Frente Popular y la Masonería de común acuerdo* (31 de diciembre 1936), *Consignas internacionales - La Masonería quiere impedir por todos los medios nuestro triunfo* (20 de octubre 1937)...

[55] Este es un tópico que se remonta a la antimasonería decimonónica, como puede verse, por ejemplo, en *La Lectura Dominical* del 9 de mayo 1897: *Lo que España debe a la Masonería*. En este caso *Amanecer* (21 de enero 1937) acusa a la Masonería de ser la causante de la revolución de Asturias, del levantamiento separatista en Cataluña, del triunfo del Frente Popular, del asesinato de Calvo Sotelo, de la victoria del comunismo... Ya en 1935, Francisco DE LUIS había publicado *La Masonería contra España* (Burgos, 1935).

[56] *La campaña de difamación del Movimiento Nacional* (24 de noviembre 1936).

tremista en el campo de la derecha», aunque Acción Popular también tenía buenos ejemplos[57].

En la prensa de la Falange, como el diario *Arriba*, de Madrid, ya en su número del 27 de agosto 1936 se incitaba a la «cruzada de España contra la Política, el Marxismo, la Masonería». Por su parte el periódico falangista de Zaragoza, *Amanecer*, en su número del 9 de septiembre de 1936, en un trabajo titulado «La Masonería y la Sociedad de Naciones», se decía, entre otras cosas, lo siguiente:

«... las naciones que, como Italia y Alemania, han reaccionado a tiempo contra la ola marxista que, apoyada en los firmes pilares de la Masonería y el Judaísmo, amenaza destrozar la civilización cristiana, y con ella las esencias espirituales de los pueblos, tienen que luchar en Ginebra contra un ambiente adverso, creado por la Sociedad de Naciones y la Asociación Masónica Internacional, que se dan cuenta del alcance que tiene el doble gesto de estos dos países que se disponen a defender a Europa de la barbarie roja».

«Y no digamos nada de la desdichada decisión de la Unión Postal tomada a instancias del Gobierno marxista de Madrid, de cortar las comunicaciones al territorio español que se halla en poder de las gloriosas fuerzas del Ejército español, decisión que obedece, sin duda alguna, a que esos tenebrosos poderes que se llaman Masonería, Judaísmo y Marxismo ven cómo España, país que creían abonado para sus criminales experimentos, se sacude de sus garras opresoras, alzándose victoriosa y dispuesta a unirse a las naciones que defienden la cultura y la civilización».

Resulta verdaderamente desconcertante esta insistencia en identificar a masones, judíos y marxistas, que daría lugar al famoso «contubernio judeomasónico-comunista», que como explicación simplista se esgrimirá durante más de cuarenta años para justificar todos los males pasados, presentes y futuros de España, siendo así que la masonería no tiene nada que ver con el judaísmo y que para entonces ya existía en la Unión Soviética una implacable persecución contra los masones, desde 1917, así como la prohibición o incompatibilidad, desde 1921, en todos los partidos comunistas del mundo de pertenecer al mismo tiempo a la masonería y al Partido[58].

De esta obsesión o psicosis judeo-masónica, que de forma tan llamativa se aprecia en la prensa de Falange de la época, participaban igualmente los diversos servicios de Información de la llamada «Secretaría personal del Generalísimo». En este sentido es elocuente el que bajo el título de *Aktivmitglie-*

---

[57] TUSELL, J., *Las elecciones del Frente Popular*, Madrid, Cuadernos para el Diálogo, 1971, vol. I, pp. 239 y 319; vol. II, pp. 373-374.

[58] FERRER BENIMELI, J. A., «La masonería española y la cuestión social», *Estudios de Historia Social* [Madrid], núms. 40-41 (enero-junio 1987) 7-47.

der des Obersten Rats von Spanien [Miembros activos del Supremo Consejo de España][59] decía lo siguiente:

1.-Augusto Barcia. Soberano Gran Comendador. Presidente del Consejo Español Bancario, una de las instituciones más importantes del Ministerio de Finanzas Judío.

2.-M. H. Barroso. Gran Secretario General del Supremo Consejo. Judío.

3.-Diego Martínez Barrio. Gran Maestre del Gran Oriente. Varias veces Ministro. Judío (?)

4.-Marcelino Domingo. Gran Maestre Delegado del Gran Oriente. Varias veces Ministro de Instrucción. Judío (?)

5.-Alejandro Lerroux. Siempre Presidente del Consejo o Ministro de Estado.

6.-Fernando de los ríos. Siempre Ministro. Primer Ministro de Justicia de la República desde 1931. Judío.

7.-Emilio Palomo. Gobernador Civil de Madrid. Judío.

8.-Francisco Esteva Bertran. Gran Maestre de la Gran Logia Española. Judío.

9.-Escolano Zulueta. Ha sido Ministro de Estado. En su tiempo estuvo destinado como embajador en el Vaticano, pero el secretario de Estado del Vaticano, cardenal Pacelli, lo rechazó por masón. Judío (?)

10.-Louis Gersch. Gran Secretario de la Gran Logia Española. Es de origen alemán[60].

Pero así como los Servicios de Inteligencia informaban (?) con discreción, aunque no con objetividad, la prensa de Falange en los primeros meses de la guerra se dedicó a publicar listados de presuntos masones con un fin claramente de desprestigio y aniquilación del adversario llegando incluso a señalar -con una intencionalidad de incitación a la delación- aquellos que «todavía» no habían sido detenidos o localizados. En realidad esta maniobra de intoxicación y manipulación destructora había sido ya utilizada en enero de 1936 en periódicos anti-republicanos como *El Siglo Futuro, ABC* y *La Epoca*. Así, el 10 y 11 de enero *El Siglo Futuro* hacía público un listado de militares republicanos, con nombre y graduación, acusados de pertenecer a la masonería con una doble intencionalidad: la de corroborar la tesis del peligro masónico, infiltrado incluso en el ejército, y, en segundo lugar, la de intimidar a ciertos militares, que, pertenecieran o no a la masonería, eran leales a la República, con lo que de esta forma eran puestos en entredicho ante un sector de la opinión pública y ante sus propios compañeros. Abundando en lo mismo, en sendos editoriales del mismo periódico se puede leer: «Peligro de

---

[59] Todo el informe está en alemán.
[60] Archivo General de la Guerra Civil. Salamanca. *Masonería*, Leg. 380-A-1.

los militares masones. Son reos de alta traición», o «Incompatibilidad del honor militar con la inscripción de una logia». Por su parte el periódico *ABC*, comentaba la famosa lista de militares masones en un artículo sin firma, «El peligro masónico» en el que dice que la masonería es más perniciosa que el comunismo, porque, por su peculiar ideario y organización, es más versátil e influyente. Y su postura ante la penetración de la masonería en el ejército español es muy clara: «Palabras son que rabian de verse juntas, militar y masón, por incompatibles».

Como señala el profesor Juan Francisco Fuentes[61] hay que reconocer la habilidad y la eficacia de esta fórmula mixta empleada por la prensa conservadora durante la II República y, en particular, en los primeros meses de 1936 y así crear un estado de opinión contrario a la República utilizando contra ella el viejo mito masónico, actualizado con la incorporación del comunismo al famoso contubernio. La sublevación militar de Franco puso de manifiesto la importancia de esta campaña de prensa en la preparación de la opinión pública en favor de un golpe de Estado. El general Mola, el «Director» de la conspiración, en su primera «instrucción reservada», de abril de 1936, ordenaba que el alzamiento se apoyase «en sociedades e individuos aislados que no pertenecieran a partidos, sectas y sindicatos que reciben inspiraciones del extranjero: socialistas, masones, anarquistas, comunistas, etc.».

Además, el triunfo de la sublevación supondrá la elevación del mito masónico a la categoría de axioma: el discurso histórico del franquismo, y en primer lugar del propio Franco, se basará en la aplicación mecánica de la teoría conspirativa a la moderna historia de España. El mito judeo-masónico-comunista alcanzó así su esplendor en este período y alimentó hasta la indigestión el discurso oficial. En los primeros años del franquismo -y en especial durante la guerra civil- la prensa, dócil transmisora de las consignas del poder, cumplió con entusiasmo su misión propagandística y mantuvo a la población alerta frente al enemigo exterior, motor de la famosa conjuración judeo-masónica.

Discurso que ha sido exhaustivamente estudiado por Juan José Morales Ruiz[62] que lo analiza fundamentalmente en la primera prensa franquista, siguiendo el diario *Amanecer* de Zaragoza durante los años 1936-1939. Otro tanto hace Juan Ortiz Villalba con la prensa de Sevilla[63], en especial con *La*

[61] FUENTES, J. F., «La masonería en la prensa sensacionalista: fuentes de información», en *op. cit. Masonería y periodismo en la España contemporánea*, pp. 49-66.

[62] MORALES RUIZ, J. J., *El discurso antimasónico en la guerra civil española (1936-1939)*, Zaragoza, Gobierno de Aragón, 2001, y «La obsesión antimasónica de Franco. Masones y Judíos en el discurso represivo del franquismo», en *op. cit. Los judíos en la Historia de España*, pp. 131-160.

[63] ORTIZ VILLALBA, Juan, «Prensa 'Nacional' y discurso antimasónico durante la guerra civil (el diario *La Unión* de Sevilla entre julio y diciembre de 1936)», en *op. cit. Masonería, revolución y reacción*, t. I, pp. 411-439.

Unión, así como con *El Correo de Andalucía* y *ABC* de Sevilla. Si bien de este último se ocupa en particular Concha Langa Nuño[64] para quien la presencia del contubernio es muy clara en *ABC* que presenta a la masonería especialmente vinculada con el judaísmo. En esta campaña difamatoria sigue los prototipos ya creados durante el período republicano haciendo a la masonería la responsable de la «funesta política republicana» que había llevado a la guerra.

Por su parte Pedro Víctor Fernández Fernández, en su análisis del *Boletín de Información Antimarxista*[65], reservado en exclusiva a los miembros del Cuerpo General de Policía, señala que su objetivo era la lucha contra el comunismo y las sectas secretas. Seguros de que existían conexiones entre judaísmo y masonería el *Boletín*[66] insiste que la filosofía francmasónica se inspira en principios kabalísticos, protestantes y sectarios, por lo que la masonería había sido presa fácil de la «incrustación judía» que había manipulado a su antojo los ritos. El «contubernio» aparece descrito desde la primera página de cada ejemplar.

En esta línea es igualmente interesante el análisis que Javier Dominguez Arribas[67] hace de las Ediciones Toledo, pero aunque corresponde también al primer franquismo, sin embargo es igualmente posterior a la II República, nuestro objetivo. Más interés podría tener seguir la trayectoria de personajes que desde el principio fueron especiales protagonistas en la difusión y mantenimiento del «contubernio», como Joaquín Pérez Madrigal, al que, José Luis Rodríguez Jiménez[68], en un sugestivo trabajo sobre la utilidad de los conversos, califica de «jabalí a cavernícola». Igualmente revelador es el caso de Eduardo Comín Colomer[69] y su paso de aprendiz de periodista y redactor de *El Noticiero*, de Zaragoza y *La Voz de Aragón*, entre otros, a policía,

[64] LANGA NUÑO, C., «La cruzada antimasónica en el diario ABC de Sevilla durante la guerra civil», en *op. cit. La Masonería española en el 2000. Una revisión histórica,* t. II, pp. 833-850.
[65] FERNANDEZ FERNANDEZ, P. V., «El Boletín de Información Antimarxista: un ejemplo de espíritu antimasónico del franquismo», en *op. cit. Masonería, revolución y reacción,* t. I, pp. 441-452.
[66] El *Boletín de Información Antimarxista* [Madrid] se publicó del 1 de julio de 1941 a septiembre-octubre de 1945.
[67] DOMINGUEZ ARRIBAS, J., «La propaganda anti-judeo-masónica durante el primer franquismo: el caso de Ediciones Toledo (1941-1943)», en FERRER BENIMELI, J. A. (Coord.), *La Masonería en Madrid y en España del siglo XVIII al XXI,* Zaragoza, Gobierno de Aragón, 2005, t. II, pp. 1165-1194.
[68] RODRIGUEZ JIMENEZ, J. L., «Las mentiras de un converso y falso masón: la aportación de Joaquín Pérez Madrigal a la teoría de la conspiración antiespañola», en *op. cit. La Masonería en Madrid y en España del siglo XVIII al XXI,* t. II, pp. 1303-1322.
[69] RODRIGUEZ JIMENEZ, J. L., «Funcionarios de la policía franquista al servicio de la teoría de la conspiración: el caso de Comín Colomer», en *op. cit. La Masonería española en el 2000. Una revisión histórica,* t. II, pp. 921-936. Cfr. igualmente PRADA RODRIGUEZ, J., «Militares, falangistas y masones. Vigilancia y control del hiramismo en Galicia (1934-1939)», *Ibidem,* pp. 901-920.

cuando el 19 de julio de 1936 se integró primero en las Milicias de Acción ciudadana, para luego, a los pocos días prestar servicios como auxiliar de policía, inscrito en el Centro de Investigación y vigilancia, de donde pasaría rápidamente a la Secretaría de la Brigada Político Social.

A raíz de la guerra civil el complot judeomasónico -como hemos visto[70]- dejó de ser teórico para dar paso a la más dura y feroz represión que llevaría a la desaparición total de la masonería y a la eliminación física de gran parte de sus miembros, pero es ya otro capítulo, igualmente rico en bibliografía, pero que va más allá de la II República.

El 1 de marzo de 1939, los escasos supervivientes masones que atravesaban la frontera lo hacían portadores del siguiente salvoconducto masónico dirigido a todas las logias y masones «esparcidos por la superficie de la tierra»:

SABED: Que en el día de la fecha y en atención a las causas que justifican el estado presente de la España liberal, perseguida por el triunfo de las fuerzas enemigas, la Francmasonería Española se ve obligada a abandonar su país, y espera de todos prestéis la ayuda moral y material a vuestros Hermanos que, en el exilio forzoso, no dudan recibir de vosotros[71].

---

[70] Cfr. nota 45.

[71] Esta «plancha de viaje», como se lee en el documento en cuestión está firmada por las dos obediencias existentes entonces en España: el Gran Oriente Español y la Gran Logia Española.

José Antonio Ferrer Benimeli

LA PRIMERA
CONDENA PONTIFICIA
DE LA MASONERÍA

El secreto de las causas

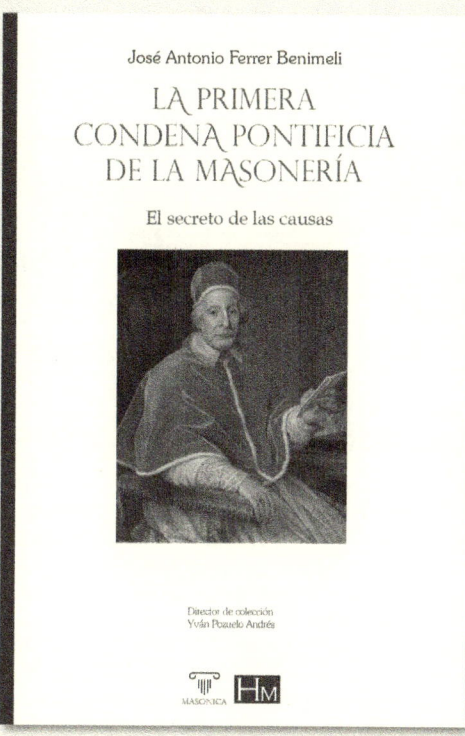

Director de colección
Yván Pozuelo Andrés

MASONICA   HM

1717, 1723 y 1738: los hitos de la masonería moderna y su primera condena. Benimeli abre las puertas del Archivo Vaticano para contar, con rigor y claridad, qué pasó realmente. Reconstruye cómo se fraguó la bula de Clemente XII: protagonistas, datos disponibles (y ausentes) y motivos políticos y religiosos. Una investigación que explica el origen de incompatibilidades y censuras y despeja dudas arrastradas tres siglos. Imprescindible para comprender por qué —y hasta qué punto— aquellas condenas siguen en debate hoy.

Joan-Francesc Pont Clemente es Catedrático de Derecho financiero y tributario en la Universidad de Barcelona, Académico de Número de la Real de Ciencias Económicas y Financieras (del Instituto de España) y presidente de las Fundaciones Francisco Ferrer y Guardia y Eugen Bleuler, comprometidas ambas con el librepensamiento.

Fue Gran Maestre Adjunto de la Gran Logia Simbólica Española (1987-1993, 1994-1995 y 2000-2006) y Soberano Gran Comendador del Supremo Consejo Masónico de España (2010-2017). Es Venerable Maestro Fundador de las logias Pedra Tallada n.º 70 (2010-2012) y Ciència i Llibertat n.º 82 (2017-2022).

LA ACTITUD ANTIMASÓNICA EN ESPAÑA
TRADICIÓN, DERECHO Y PERSISTENCIA CULTURAL

Joan-Francesc Pont Clemente

1. Introducción

La historia contemporánea de España está marcada por una paradoja: el antimasonismo ha tenido más peso político, jurídico y cultural que la propia masonería, el supuesto enemigo que pretendía combatir [1]. A menudo, los perseguidores fueron muchos más que los perseguidos. La represión de las logias, además, no se explica exclusivamente por el nacionalcatolicismo franquista; sus raíces son mucho más hondas y se hunden en el pensamiento contrarrevolucionario del siglo XVIII, en la alianza histórica entre la Monarquía borbónica y la Iglesia católica, y en la resistencia a los valores ilustrados.

La tesis que aquí se sostiene es que el antimasonismo español constituye una tradición de larga duración. Así lo estudié por vez primera en un artículo publicado en castellano en *Cultura Masónica,* n.º 6, en 2011, procedente de una ponencia mía presentada en un coloquio en Vichy, organizado por el Gran Oriente de Francia. Desde la temprana aplicación en España de la bula *In eminenti* de Clemente XII en 1738 [2], pasando por los edictos reales del siglo XVIII y la represión absolutista de Fernando VII [3], hasta culminar en la Ley de Represión de la Masonería y el Comunismo de 1940 [4], se observa una continuidad ideológica y jurídica. El general Franco no inventó el antimasonismo; lo heredó y lo llevó a su máxima expresión, dotándolo de rango legal y convirtiéndolo en pilar del nacionalcatolicismo.

Metodológicamente, este trabajo combina la perspectiva histórica y jurídica con una reflexión de filosofía del Derecho. En efecto, el antimasonismo en España constituye un caso paradigmático de cómo el Derecho puede ser instrumentalizado para crear y legitimar un «enemigo interno», instaurando un Derecho penal de autor que sanciona identidades antes que conductas [5].

2. Los orígenes (1738-1814)

El primer antecedente jurídico del antimasonismo en España se sitúa en el año 1738, cuando el papa Clemente XII promulgó la constitución apostólica *In eminenti apostolatus specula*, que prohibía bajo pena de excomunión la pertenencia a las logias [2]. Lo significativo es que la Inquisición española ejecutó esta prohibición con especial rapidez, el 9 de agosto de aquel mismo año, adelantándose incluso a los Estados Pontificios [6].

La prohibición fue reafirmada por Fernando VI en 1751, a instancias de su confesor, el jesuita Francisco de Rávago [7]. En un memorial, Rávago acusaba a la masonería de reunir en su seno a miles de hombres de influencia política y económica, de practicar ritos satánicos y de imponer juramentos que ponían en peligro tanto a la Iglesia como a la Monarquía.

En 1752, el fraile José Torrubia publicó su opúsculo *Centinela contra Francs-masones* [8], en el que vinculaba la masonería con luteranos, calvinistas, ateos y judíos, y la acusaba de prácticas sodomíticas, justificando así su persecución. El inicio del siglo XIX no modificó sustancialmente la situación. Durante el reinado de José I Bonaparte, bajo su impulso como Gran Maestre y Gran Comendador, las logias y los talleres de los altos grados escoceses, incluida la creación en 1811 del Supremo Consejo, se expandieron al calor de las ideas napoleónicas, introduciendo principios de racionalismo y libertad. Tras la derrota napoleónica, Fernando VII restauró el absolutismo y, con él, la represión. En 1814 dictó un Real Decreto que volvía a prohibir la masonería [9], apenas unos días antes de restablecer la Inquisición. Desde una perspectiva filosófico-jurídica, este periodo muestra con claridad la tensión entre la libertad de asociación y la razón de Estado [10]. Mientras el constitucionalismo gaditano de 1812 abría la puerta a una concepción liberal del Derecho, Fernando VII reintroducía un modelo de Derecho confesional y represivo, en el que cualquier sociabilidad autónoma era sospechosa de conspiración.

3. El siglo XIX

El siglo XIX español estuvo marcado por la dialéctica entre dos proyectos de país: la «España blanca» y la «España negra» [11]. La primera, confesional, monárquica y tradicionalista, identificaba la masonería con la herejía, la conspiración y la desintegración del orden social. La segunda, liberal, constitucional y progresista, veía en las logias un espacio de sociabilidad y un cauce de emancipación frente al absolutismo.

La masonería, aunque numéricamente reducida, adquirió un valor simbólico desproporcionado: era la encarnación de la modernidad política, del constitucionalismo y de las libertades. Por ello, el antimasonismo se convirtió en un elemento esencial del pensamiento reaccionario español, con un impacto social y cultural mucho mayor que la influencia real de la Orden.

Tras el pronunciamiento de Rafael de Riego en 1820, masones y liberales encontraron una comunidad de ideales en torno a la Constitución de 1812. La masonería pasó a ser percibida como uno de los brazos culturales del liberalismo. Sin embargo, la restauración absolutista de 1823 condujo nuevamente a la represión [12].

En 1825, el papa León XII promulgó la bula *Quo graviora* [13]. En España, esta constitución apostólica fue incorporada al Derecho interno mediante su publicación en la *Gaceta de Madrid* [14].

Durante las regencias de María Cristina y Espartero (1833-1842) se produjo un cierto relajamiento de la persecución. Sin embargo, la masonería reapareció con fuerza tras la Revolución de 1868 y experimentó un crecimiento notable, incluso con iniciativas pioneras como la masonería de adopción o femenina o la iniciación (*praeter legem*, según he tratado de demostrar en otro lugar) de mujeres en logias oficialmente masculinas y en talleres del Supremo Consejo [15].

La Revolución Gloriosa de 1868, que derrocó a Isabel II, significó el primer momento de normalización masónica en España [16]. El general Prim, primer ministro, era francmasón.

La derrota de 1898 frente a Estados Unidos y la consiguiente pérdida de Cuba, Puerto Rico y Filipinas intensificaron el antimasonismo [17].

Desde la filosofía del Derecho, el siglo XIX ofrece un contraste paradigmático: mientras el positivismo jurídico liberal defendía la supremacía de la ley, los pensadores tradicionalistas reivindicaban un Derecho natural confesional [18].

4. La Segunda República y la segunda normalización (1931-1936)

La proclamación de la Segunda República en 1931 supuso la segunda gran etapa de normalización masónica en España, tras el precedente de la Revolución de 1868 [22]. El nuevo régimen constitucional, laico y democrático coincidía con los ideales masónicos de educación, igualdad y libertad de conciencia.

Aunque la masonería seguía siendo minoritaria, adquirió visibilidad política y cultural. Las logias se integraron en el impulso modernizador republicano y fueron percibidas como aliadas naturales de la reforma educativa, la secularización y la ampliación de derechos civiles. Precisamente por ello, los sectores tradicionales interpretaron a la República como un proyecto «masónico» en sí mismo, lo que intensificó la retórica antimasónica.

El antimasonismo republicano no fue, sin embargo, exclusivo de la derecha. En marzo de 1934, el propio Partido Socialista Obrero Español adoptó un acuerdo prohibiendo a los masones acceder a cargos de dirección [23]. Era una influencia estalinista, pues el comunismo de la época consideraba que la francmasonería constituía un desviacionismo pequeño burgués. Este episodio revela la transversalidad del prejuicio antimasónico, presente incluso en ámbitos de izquierda. Desde la filosofía del Derecho, la Segunda República representa la tensión máxima entre dos concepciones: la masonería como proyecto de laicidad y autonomía ética, frente al tradicionalismo que la veía como ruptura con el Derecho natural confesional.

5. El franquismo: de la retórica a la tipificación penal (1936-1975)

La Guerra Civil y la victoria de Franco en 1939 marcaron la culminación del proceso histórico de construcción del antimasonismo en España. Desde el inicio del conflicto, los sublevados presentaron la contienda como una cruzada contra masones y comunistas, acusados de haber provocado la guerra mediante una conjura internacional [24].

La Ley de Represión de la Masonería y el Comunismo de 1 de marzo de 1940 institucionalizó jurídicamente este discurso. La norma castigaba la mera pertenencia a la masonería, sin necesidad de que mediara conducta delictiva alguna [25]. Se trataba de un claro ejemplo de Derecho penal de autor, como he señalado al principio, en el que no se sancionaban hechos, sino identidades. La persecución fue sistemática: se elaboraron miles de expedientes policiales, se encarceló y ejecutó a numerosos masones reales o supuestos. El aparato jurídico-represivo se complementó con una intensa propaganda. Franco, bajo el pseudónimo de «J. Boor», publicó en el diario *Arriba* una serie de artículos entre 1946 y 1951 en los que repetía obsesivamente la idea de que masonería y comunismo eran los principales enemigos de España. La Fundación Francisco Franco ha reeditado aquel panfleto ya en democracia.

A diferencia de otras políticas franquistas sujetas a matices, el antimasonismo fue un dogma innegociable del nacionalcatolicismo. Iglesia y Estado coincidieron en la persecución de la Orden, entendida como símbolo de modernidad, secularización y pluralismo.

6. Democracia y persistencia cultural (1978-hoy)

La Constitución de 1978 supuso la rehabilitación de la masonería, al reconocer el derecho de asociación y la libertad de conciencia [26]. Sin embargo, la normalización jurídica no fue inmediata: su plena legalidad fue reconocida únicamente por dos sentencias de la Audiencia Nacional no casadas por el Tribunal Supremo en 1979, y no por iniciativa gubernamental.

Pese a la desaparición de la persecución legal, el imaginario antimasónico cultivado durante siglos persiste en la sociedad española. En medios de comunicación conservadores, discursos de extrema derecha y teorías conspirativas, el término «masón» sigue funcionando como sinónimo de enemigo oculto.

Esta impronta cultural no solo afecta a la percepción de los ciudadanos, cada vez más distantes de una educación humanística clásica que contextualice la masonería, sino también a los partidos políticos contemporáneos, influyendo en la manera en que ciertos sectores perciben asociaciones secretas o redes de poder no visibles.

La impregnación del antimasonismo en la conciencia social tiene efectos concretos:

Retraso en la revitalización de la masonería: las logias modernas, con pocas excepciones, se enfrentan a un déficit de visibilidad y prestigio cultural, dificultando la captación de nuevos miembros y la recuperación de su relevancia histórica.

Distorsión de la percepción pública: la masonería continúa siendo percibida como un fenómeno esotérico, en el mal sentido de la palabra, o conspirativo, más que como un espacio de sociabilidad, ética y educación cívica.

Impacto desigual en el ámbito político: algunos partidos, especialmente los más conservadores o tradicionalistas, mantienen prejuicios históricos sobre la masonería, mientras que otros, aunque más laicos o progresistas, pueden subestimar su papel cultural y social por falta de conocimiento histórico.

En conjunto, la persistencia del imaginario antimasónico demuestra cómo las narrativas jurídicas y culturales del pasado no desaparecen con la derogación de las leyes represivas; más bien, configuran hábitos cognitivos y percepciones colectivas que condicionan la recuperación y visibilidad de la masonería en la España democrática contemporánea. Así, la rehabilitación legal o aluna esporádica mención en los homenajes de la memoria histórica no bastan: es necesario un proceso de reapropiación cultural y educativa para reconstruir su vitalidad y comprensión social.

7. Conclusiones: Derecho, ideología y memoria

El recorrido histórico demuestra que el antimasonismo español es anterior y más profundo que el franquismo. Se trata de un fenómeno de larga duración, enraizado en el pensamiento tradicionalista, que utilizó el Derecho como herramienta de exclusión política y social.

Desde la filosofía del Derecho, el caso ofrece varias lecciones:

El antimasonismo ejemplifica cómo el Derecho puede convertirse en un instrumento de creación del enemigo interno.

LA ACTITUD ANTIMASÓNICA EN ESPAÑA:
TRADICIÓN, DERECHO Y PERSISTENCIA CULTURAL

Revela la tensión entre un modelo liberal-positivista de Derecho, orientado a la protección de libertades, y un modelo confesional-tradicionalista, que entendía la ley como defensa del orden religioso.

Muestra que las narrativas jurídicas perduran más allá de las leyes, configurando imaginarios sociales que influyen en la cultura política incluso en contextos democráticos.

En definitiva, la historia de la anti-masonería en España refleja la pugna entre dos concepciones de país:

La España *blanca*, católica, absolutista y antiliberal, que instrumentalizó el Derecho para excluir.

La España *negra*, liberal, constitucional y progresista, que halló en la masonería un espacio de sociabilidad moderna.

El franquismo llevó esta tradición a su extremo, pero no la inventó. El anti-masonismo español es, en última instancia, una herencia cultural y jurídica que todavía proyecta su sombra sobre la conciencia social contemporánea.

La historia de la anti-masonería no es más que la parte visible de un iceberg que oculta la parte mayor, las doctrinas de odio subyacentes en la cultura hispana, nacidas, fundamentalmente, de un pasado imperial mal comprendido y de la imposición de un cristianismo enfermizamente clerical. La anti-masonería es hija del clericalismo y de la alianza entre el Trono y el Altar, consagrada por la victoria de Trento sobre Wittenberg, valga la licencia literaria. El esfuerzo de francmasones y liberales, en la actualidad, no está tanto en cambiar las leyes como en reconstruir una conciencia social ilustrada. ⬥

NOTAS

1. Sobre la desproporción entre masones reales y masones perseguidos, véase Caro Baroja, J. (1986). *Las formas complejas de la vida religiosa*. Madrid: Istmo.
2. Clemente XII, constitución apostólica *In eminenti apostolatus specula* (28 de abril de 1738).
3. Real Decreto de Fernando VII prohibiendo la masonería, 2 de mayo de 1814.
4. Ley de 1 de marzo de 1940, de Represión de la Masonería y el Comunismo, BOE n.º 62, 2 de marzo de 1940.
5. Cfr. Jakobs, G. (1985). «Derecho penal del ciudadano y Derecho penal del enemigo». *Revista Penal*, 12, 23–56.
6. Archivo Histórico Nacional, Inquisición, leg. 4452, exp. 7: Proceso contra masones en Madrid (1738).
7. Memorial de Francisco de Rávago a Fernando VI, Biblioteca Nacional de España, Ms. 19.432.
8. Torrubia, J. (1752). *Centinela contra Francs-masones*. Madrid: Imprenta Real.
9. Real Decreto de Fernando VII, 2 de mayo de 1814 (en *Colección legislativa*, t. I, 1814).
10. Cfr. Kelsen, H. (1960). *Teoría pura del derecho* (2ª ed.). México: UNAM.
11. Fórmula empleada por Menéndez Pelayo en su *Historia de los heterodoxos españoles* (1880-1882).
12. Decreto de persecución de sociedades secretas, 1823, en *Colección legislativa*, t. IV.
13. León XII, constitución apostólica *Quo graviora* (1825).

14. *Gaceta de Madrid*, n° 109, 19 de septiembre de 1825.

15. Ferrer Benimeli, J. A. (1986). *La masonería española en el siglo XIX*. Madrid: Siglo XXI.

16. Revolución de 1868 y primeras logias reconocidas en España: Archivo del Gran Oriente Español, Actas, 1869.

17. Tusquets, J. (1932). *Las sectas secretas: masonería, judaísmo, comunismo*. Barcelona: Minerva.

18. Radbruch, G. (1946). «Gesetzliches Unrecht und übergesetzliches Recht». *Süddeutsche Juristen-Zeitung*, 1(5), 105–108.

19. Decreto del Gobierno Provisional de 1868 reconociendo la libertad de asociación, *Gaceta de Madrid*, n° 275, 1 de octubre de 1868.

20. Barruel, A. (1798). *Mémoires pour servir à l'histoire du jacobinisme*. Hamburg: Périsse.

21. Sardà i Salvany, F. (1884). *El liberalismo es pecado*. Barcelona: La Hormiga de Oro.

22. Constitución de la II República Española (9 de diciembre de 1931), art. 26 y 27.

23. Actas del PSOE, Congreso extraordinario de 1934 (Archivo Histórico del PSOE).

24. Franco, F. (1946–1951). Artículos firmados como «J. Boor» en *Arriba*, recopilados en *Masonería*. Madrid: Ediciones Nacionales, 1952.

25. Ley de Represión de la Masonería y el Comunismo, BOE n.° 62, 2 de marzo de 1940.

26. Constitución Española de 1978, art. 16 y 22.

Si por algo definiríamos nuestra percepción de la masonería, sería por su compromiso, por su necesaria conexión ética y moral con la vida cotidiana en la que está inmersa. Nuestros ritos no son sino una dramatización de esos contenidos éticos cotidianos que a través de ellos se hacen visibles. Para que el proceso se lleve a término se necesita, al menos, del camino iniciático, de la metáfora, del símbolo, pero también precisa la ayuda de la *inquisitio*, de la búsqueda desde la duda y la pregunta sistemática.

Luis Antonioi Muñoz es músico, investigador y director musical. Es también coach de voz, locutor de los programas de Radio Clásica El sonido del tiempo, Por humor a la música y colaborador en Sinfonía de la Mañana, así como director de los cursos «Conoce la música», «Conoce la ópera» e «Historia oculta de la música».

Desde 1994 dirige Camerata Ultreia —grupo con el que realiza conciertos y proyectos de investigación—. Ha compuesto música para cine y teatro como La Regenta (Teatros del Canal), El hogar del monstruo (Centro Dramático Nacional) y PIIGS (Royal Court Theatre).

Su discografía se compone de más de treinta grabaciones, entre las que destacan las Cantigas de Santa María de Alfonso X o música con instrumentos diseñados por Leonardo da Vinci, gran parte con el grupo Música Antigua de Eduardo Paniagua. Ha pertenecido como cantante a formaciones prestigiosas como el Coro Nacional de España, el Coro de RTVE y el Coro de la ORCAM.

Es autor de *Historia oculta de la música*, *Homo musicalis* y *La partitura de la reina* (novela) publicados con éxito en Esfera de los Libros, Colabora ocasionalmente con distintos medios especializados como SER Historia o MUY Interesante, así como en podcast de gran prestigio como Radio El Respeto, La Escobula de la Brújula, Esto es otra Historia o Dias Extraños.

(es.wikipedia.org/wiki/Luis_Antonio_Muñoz)

AMADEUS, EL EVANGELIO SEGÚN SALIERI

(sobre su distorsión como personaje y su asesinato masónico)

Luis Antonio Muñoz

Un poco de manía a *Amadeus*

«*Amadeus*, qué película tan bonita...»; «Me encanta *Amadeus* y la risa de Mozart...»; »...¿entonces, Mozart murió con Salieri en la habitación?».

Lo reconozco, le tengo un poco de manía a la película *Amadeus*, algo que responde a las innumerables ocasiones en las que he tenido que escuchar frases del estilo de las que comienzan este artículo. Y creo que es porque en cierta medida, ha dañado la imagen del compositor. Sé que esto es nadar contra la corriente, pero trataré de explicarme en las siguientes líneas.

Al principio de *Amadeus*, Salieri le pide al cura que reconozca una música de su autoría y no es capaz de hacerlo. Sin embargo, la melodía de la *Pequeña Serenata Nocturna*, es cantada por el párroco desde la primera nota sin error alguno. A todo el mundo le ocurre lo mismo con el «Mozart» de *Amadeus*. El gran público se queda en su memoria con ciertos episodios de la historia que resaltan sobre la superficie como lo hace el Everest en la cordillera del Himalaya.

Amadeus es una película que la gente no entiende, o no quiere entender. Y siempre me ha parecido curioso el olvido involuntario de la estructura narrativa del film por parte de la gran audiencia que la ha visto en algún momento de sus vidas. Es una historia de ficción magistralmente construida, eso sí, en la que mucha gente acaba olvidando su estructura principal. Una película mal entendida por gran parte de los espectadores, que la describen como una «biografía de Mozart» cuando realmente narra otra historia bien diferente, como veremos. Por todo esto no me andaré con rodeos. Desde ya, afirmo que *Amadeus* es una fantasía, una historia inventada de principio a fin por su protagonista verdadero que no es otro que Antonio Salieri.

En este artículo hablaremos de *Amadeus* de Milos Forman y de su relación con la obra de teatro homónima de Peter Shaffer. Una película que se adaptó desde su versión teatral y se modificó sustancialmente hasta el punto de retirar en ella todas las alusiones a la masonería. Hablaremos también de la teoría del asesinato de Mozart a manos de masones y de los datos que conocemos de su muerte natural.

Nada es lo que parece. Un argumento mal entendido

Pensemos por un momento en una película sobre un personaje legendario e histórico como *Jesús de Nazaret* (1977), de Franco Zefirelli. Aunque por el carácter de su protagonista no podemos hablar *sensu stricto* de una «biografía», su guion nos narra la versión tradicional de los hechos de la pasión en la cruz y los últimos años de vida de un Jesús mítico en un contexto de hechos comprobables. Frente a esta historia se encuentra otra que trata el mismo tema, se trata de *La última tentación de Cristo* (1988) de Martin Scorsese, basada en la novela homónima de Nikos Kasantzakis y que nos muestra los mismos hechos narrados de una forma diferente.

El guion de la película de Scorsese nos cuenta cómo Cristo en la cruz recibe la invitación a bajar de ella y vivir como un mortal no divino una vida convencional junto a María Magdalena. Jesús decide bajar y tomar ese camino, hasta que descubre que todo es producto de la manipulación de un principio maligno y acaba de nuevo en la cruz del martirio para aceptar su destino como hijo de Dios. El hecho narrado es el mismo, pero mientras que la versión de Zefirelli se agarra a la tradición narrativa lineal de una figura histórica y legendaria, la versión de Scorsese utiliza la fantasía para hacernos pensar, para preguntarnos qué habríamos hecho nosotros en su lugar. Un argumento para debatir acerca de si la tentación de Jesús ha sido real o solo un sueño revelado o producido por los últimos estertores de la muerte. Un espacio de aprendizaje entre la fe, la razón y la fantasía. Una pregunta sobre qué o quién es la divinidad.

Volvamos a *Amadeus* y su interpretación por parte del gran público. Es importante entender que una narración sobre cualquier personaje histórico debe caminar por fuerza en un abismo, un sendero ancho que transcurre entre la historia documentada y la ficción necesaria para rellenar los huecos de lo desconocido. Dicho en otras palabras, en una ficción histórica es imposible contar todo de forma fidedigna y solo queda el espacio de la verosimilitud. Muy poca gente conoce que el origen de la película es una obra de teatro de Peter Schaffer, inspirada a su vez en otro texto anterior de Aleksandr

Pushkin titulado *Mozart y Salieri*, adaptado en forma de ópera con música de Rimski-Korsakov. Entiendo que en esta película la gente prefiera quedarse con la imagen de un Mozart inocente e infantilizado antes que ahondar en su complejidad de genio. Es más sencillo esto que preguntarse sobre su pasado, o sobre su infancia de madurez forzada, en la que sus únicos juegos eran con la música y con las palabras, incluidas sus frecuentes incursiones en la escatología verbal como forma de diversión.

Dejadme que os diga por tanto que *Amadeus* es para mí una película verosímil. Una historia que nos narra vagamente y con algunas inexactitudes una pequeña parte de la vida de Wolfang Amadeus Mozart (1756-1791). Pero, ¿cuál es el motivo de estos episodios inexactos?, es más, ¿cuál es verdaderamente su tema principal?

Salieri, un mediocre con ínfulas de grandeza

Es fácil encontrar afirmaciones sobre el guion de la película en la que se nos habla de su tema como el del «enfrentamiento de Salieri con Dios». Pero al ahondar un poco más podemos entrever en su trama otros temas igualmente interesantes, como la configuración de la genialidad, de la aceptación social o del éxito. En mi opinión, Shaffer, al igual que Scorsese en *La última tentación,* no quiere contarnos la historia «real» de Mozart sino que nos propone un juego de ficción, una narración forzada en la que la vida del genio de Salzburgo se convierte en una excusa, en una herramienta para hablarnos del éxito, de la manipulación, de la locura o de la ambición.

Y lo que en muchas ocasiones tengo que explicar es que todo lo que aparece en *Amadeus*, los personajes o los contextos históricos, están distorsionados al atravesar el cristal deforme de la envidia de su narrador. *Amadeus* (la película) es el producto de la narración en *flashback* del propio Salieri «en un sanatorio mental» y en ella, la imagen de Mozart no está planteada por un narrador omnisciente, neutral, sino por el propio relato de Salieri que se confiesa de sus pecados al cura que le escucha durante un día entero. Salieri es el instrumento para disparar el conflicto, el principio activo que trama un plan sibilino al asumir su mediocridad y sus limitaciones como ser humano. En un acto extremo de vanidad, manifiesta su necesidad de estar en el centro de la acción, algo inherente por otra parte a la condición egocéntrica de muchos artistas. En el caso de Salieri, se pregunta si después de conseguir la fama y el éxito en vida su música perdurará en el tiempo. En frente, el genio de Mozart, tocado por la gracia de Dios, pero que aislado del reconocimiento y la riqueza, vivió una vida burguesa de trabajo y de ostracismo.

En *Amadeus*, Salieri nos convierte en sus confesores. Y en su confesión nos habla sobre sus sentimientos, sus inquietudes y sus miedos. El músico se siente traicionado por el propio Dios, con quien habla de tú a tú y de quien termina renegando al quemar su imagen en el fuego de la desesperación. Rompe su pacto con el creador al darse cuenta que hay alguien (Mozart) que sin quererlo, desperdicia su talento en la vida. Un pacto que había hecho en su juventud y en el que solo deseaba el verdadero éxito, ser recordado. A cambio de ello renunciaría al deseo de todo lo físico, incluidas las mujeres.

La eliminación de la masonería en *Amadeus*

Me gustaría plantear aquí algo importante en relación con la obra de Peter Shaffer y su sucedáneo, la película homónima de Milos Forman. Y es que en la película se han eliminado prácticamente todas las alusiones al entorno masónico, así como las interacciones y escenarios específicos, sobre todo las logias. ¿Por qué?, pues no lo sabemos. En la obra de teatro hay una escena completa que se desarrolla dentro de una logia masónica y aparecen citas explícitas sobre la condición masónica tanto de Mozart, como de Salieri y de otros personajes. Pero en la película solo han quedado dos alusiones leves a la masonería. La primera es la escena que transcurre de noche en el apartamento de Mozart en el año 1790. La acotación del guion nos dice:

> La habitación, iluminada por unas pocas velas, parece sucia. La cámara nos muestra de nuevo el retrato de Leopold en la pared, contemplando una escena de desorden. Hay papeles esparcidos sobre la mesa; platos sucios se amontonan en la chimenea; sobre el piano se encuentra el delantal masónico de Mozart, tejido con símbolos. En el pasaje más lírico de la introducción, vemos a Mozart tomar una vela y entrar.

Y la segunda cita que utiliza expresamente la palabra «masónico» se encuentra al final del guion:

> Finalmente, se gira de frente a la cámara y nos bendice al público, haciendo la señal de la cruz. Debajo, escuchamos, sigilosamente y con un volumen cada vez mayor, la tremenda música fúnebre masónica de Mozart. En los últimos cuatro acordes, se hace FADE OUT.

Esto es todo lo que queda de masónico en *Amadeus*. De hecho, ni siquiera se respeta, ya que al menos en mi visualización de la cinta, en las tres horas que dura el montaje del director, no he podido ver ni un solo elemento masónico como el mandil citado. Y además, en la película, la *música para un funeral masónico* K. 477 ha sido sustituida por otra. Quizás alguien pensó en 1984, año de estreno de la película, que lo masónico no era un elemento lo suficientemente comercial. O alguien, por alguna razón que desconocemos, decidió eliminar estos elementos de forma absolutamente radical. Siempre me pregunto qué habría pasado si *Amadeus* se hubiera rodado en estos tiempos. ¿Qué camino habrían tomado Shaffer y Forman?, ¿habrían incluido ese papel de la masonería en la historia de Mozart? Es esta una decisión que tanto el autor como el director se han llevado consigo a sus tumbas, ya que Forman falleció en 2018 con 86 años y Shaffer en 2016 a los 90.

Peter Levin Shaffer, nacido en Liverpool, Reino Unido un 15 de mayo de 1926 era de familia judía y su padre fue agente inmobiliario. Curiosamente es hermano gemelo de otro dramaturgo, Anthony Shaffer. Entre sus primeras obras de éxito se encuentran *Five Finger Exercise* (1958) y su tragedia épica *The Royal Hunt of the Sun* (1964). Pero es su obra de teatro *Equus* (1973) trasladada al cine en 1977 por Sidney Lumet la que le catapultó a la fama y al éxito en Londres y Nueva York haciéndole ganar los premios *Tony*. *Amadeus* fue galardonada con ocho Premios Óscar, uno de ellos a Shaffer como mejor guionista. Por otra parte, *Milos Forman* es indudablemente un gran director, cuya carrera consolidada en su Checoslovaquia natal se convierte en meteórica después de su naturalización como estadounidense en 1977. Su filmografía comprende desde *Alguien voló sobre el nido del cuco* (1975) hasta su visión del musical *Hair*, (1979) llegando hasta su último trabajo *Un paseo bien pagado* (2009). En medio, algunos buenos filmes como *Valmont* (1989), *El escándalo de Larry Flint* (1996); *Man on the Moon* (1999) y otras no tan acertadas en lo económico y artístico como *Los fantasmas de Goya* (2006).

En el caso de *Amadeus* en su formato de obra teatral, resulta evidente que Shaffer se documentó sobre la relación de Mozart con la masonería y convirtió esta circunstancia en parte crucial del argumentarlo de su propuesta. Algo difícil de entender es por qué al sumarse Milos Forman al proyecto, se tomó la decisión de eliminar de la cinta cualquier resquicio o rastro de masonería, cuando es precisamente la clave de la cuestión. La trama masónica es una herramienta más de manipulación de Salieri, al utilizar la escena de la amenaza de Van Swieten a Mozart (en la obra de teatro) como el disparador final de su plan para eliminar a su genio antagonista. En la construcción de la trama teatral, Shaffer deja entrever que los masones vigilan a Mozart muy de cerca y le consideran un hombre simple y honorable al que captar, redimir y educar dentro de la masonería. Es tal la interacción con el *Arte Real*, que una de las escenas de la obra de teatro, en el acto segundo, se desarrolla dentro de una logia masónica, algo inexistente en la película. Y es esa neutralización del personaje de Mozart, eliminando una característica que fue primordial en sus últimos siete años de vida, la que creo que desmerece el intento de retrato naturalista del compositor.

Y en este templo masónico que aparece en la obra de teatro, uno de los personajes principales, el barón aristócrata neerlandés Gottfried van Swieten, dialoga con Mozart y Salieri en una escena en la que los tres llevan un mandil masónico. Sobre esto, diré que en los datos que he podido recopilar no he encontrado ningún documento ni referencia contrastable sobre la pertenencia de Salieri a alguna logia específica. En algunos lugares de internet se llega a afirmar que:

> Sabemos que a su muerte (y al carecer de descendencia) Salieri legó sus pertenencias a dos instituciones vienesas que se las repartieron al cincuenta por ciento: la Sociedad de Amigos de la Música y una sociedad vinculada a la masonería.

Que yo sepa, legar tu patrimonio a una institución no te hace miembro de ella, en todo caso, simpatizante.

¿Quién era Van Swieten? Este Barón, masón e Illuminatus educado en entornos jesuitas y obsesionado por la música de Bach fue, entre otras cosas, mecenas de Joseph Haydn y de Ludwig van Beethoven. Un personaje que como vemos es prácticamente neutralizado en la película, siendo eliminadas sus líneas de texto relativas a la masonería hasta el punto de que sería imposible inferir que era masón. En el caso de Haydn, fue él mismo quien escribió el libreto para *La creación*, basándose en el *Génesis*, en el *Libro de los Salmos* y en *El paraíso perdido* de John Milton. También escribió el libreto para *Las estaciones* basándose en *The Seasons* de James Thomson. Al comienzo de la obra de teatro en la escena que ocurre en el palacio de Schönbrunn Salieri, en un aparte describe a Van Swieten como:

> Prefecto de la Biblioteca Imperial. Ferviente masón. Todavía está por encontrar algo que le divierta. A causa de su entusiasmo por la música pasada de moda se le conoce como «Lord Fuga».

Y en esa misma escena, Van Swieten invita a Salieri a entrar en la logia como masón en el siguiente diálogo, eliminado igualmente de la película:

VAN SWIETEN.—Sois un hombre honorable, SALIERI. Deberíais uniros a nuestra Hermandad de Masones. Os recibiríamos afectuosamente.
SALIERI.—¡Para mí sería un honor, Barón!
VAN SWIETEN.—Si lo deseáis puedo disponer vuestra iniciación en mi Logia.
SALIERI.—Es más de lo que merezco.
VAN SWIETEN.—Tonterías. Aceptamos a los hombres de talento de todos los rangos. Puede que invite también al joven MOZART: depende de la impresión que cause.
SALIERI.—(Inclinándose.) Por supuesto, Barón. (VAN SWIETEN sale.) (Al público.) Un honor, en efecto. En esos días casi todo hombre de influencia en Viena era masón. Y la Logia del Barón era, con gran diferencia, la más elegan-

te. En cuanto al joven MOZART, confieso que yo me sentía inquieto ante su venida. Se le ensalzaba demasiado.

Swieten, que encargaba a Mozart que hiciera arreglos de la música de Bach para ayudarle económicamente le dice más adelante que espera de él la elección de temas elevados para sus óperas. Mozart le ha dicho que quería hacer una ópera italiana sobre el libreto del Fígaro de Beaumarchais y para Van Swieten es poco menos que una indignidad por sus temas banales y los más importante, revolucionarios. El diálogo es, cuando menos, suculento:

MOZART.— ¡Porque quiero hacer una obra sobre gente real! ¡Y quiero situarla en un sitio real! ¡Un boudoir!... ¡porque para mí ese es el lugar más excitante de la tierra! ¡Ropa íntima por el suelo! ¡Las sábanas que aún conservan el calor de un cuerpo de mujer! ¡Incluso un orinal lleno hasta el borde debajo de la cama!

VAN SWIETEN.— (Ofendido.) ¡MOZART!

MOZART.— Quiero vida, Barón. ¡No aburridas leyendas!

STRACK.— La reciente «Danaius» de Herr SALIERI era una leyenda y no aburrió a los franceses.

MOZART.— Es imposible aburrir a los franceses... ¡excepto con la vida real!

VAN SWIETEN.— Había supuesto que, ahora que habéis ingresado en nuestra Hermandad de Masones, escogeríais temas más elevados.

MOZART.— (Con tono impaciente.) ¡Oh, elevados! ¡Elevados!... Lo único que debe elevar un hombre es su pito.

Este episodio es seguido de un monólogo reivindicativo de Mozart en el que ante el Emperador y su corte de asesores muestra su genialidad, basada en su capacidad del análisis psicológico del pensamiento de los allí presentes. Un comité, que debido al chivatazo de una criada contratada ex profeso por Salieri para que espíe en casa de Mozart ha puesto en alerta al emperador sobre la composición «en secreto» de *Le Nozze di Figaro*. El Monólogo de la película resulta suavizado y Mozart únicamente se remite a explicar las razones de por qué debería estrenarse esa ópera italiana y por qué en su música es posible escuchar varios discursos al mismo tiempo, algo que resultaría imposible en el teatro convencional «de palabra».

Otra de las referencias masónicas eliminada en la película pero importante en la obra teatral es cuando los dos «Venticelli», informadores de Salieri y personajes «cotillas» útiles para desarrollar el contexto, afirman en la escena del paseo por el Prater que Mozart ha enviado veinte cartas a hermanos masones para pedirles dinero. Este es el fragmento extraído de la obra:

V. 1.— Dicen que ha escrito cartas a veinte Hermanos Masones.

SALIERI.— ¿De veras?

V. 2.— Y ellos le están dando dinero.

SALIERI.—(Al público.) ¡Por supuesto! ¡Me había olvidado de los Masones! Naturalmente ellos le socorrerían... ¡Qué estúpido por mi parte!... ¡No llegaría a morir de hambre con los Masones dispuestos a ayudarle! Mientras él se lo pidiera ellos seguirían cubriendo sus necesidades... ¿Cómo podría acabar con esto? ¡Y rápidamente!...

V. 1.—¡Lord Fuga está muy disgustado con él!

Lord Fuga es el apodo de Van Swieten, que en la escena teatral dentro de la logia le recuerda a Mozart que «los templos masónicos no están para mendigar» y le invita a seguir componiendo para ganarse la vida. Mozart excusándose en su poco éxito comercial, le dice que no puede ganar suficiente dinero por que «ha pasado de moda», pero que tiene un encargo de su hermano masón Schikaneder y que éste le ha ofrecido la mitad de los beneficios cuando se abra el telón, sin hablarle para nada de un anticipo. Pero no le dice a Swieten que pondrá en una obra dedicada al vulgo parte de los rituales masónicos de la logia escondidos en su trama. El genio opina que *La flauta mágica* es el mejor vehículo para mostrar ideas masónicas a aquellos que conocen los símbolos, dejándolas escondidas para los profanos. Pero en su fondo, parece dejar ver que la masonería tiene que ser al menos mostrada a los extractos más humildes de la sociedad aunque sea en forma de un cuento popular. Para Salieri, esta decisión de mostrar los rituales en una ópera (singspiel) será una forma más para manipular a Mozart, induciéndole a mantenerlo bajo secreto masónico, como «hermanos masones» que son.

Será en una escena posterior, la del *Teatro junto al Weiden*, en la que van Swieten, después de descubrir que los rituales y fórmulas masónicas se encuentran «visibles» en toda *La flauta mágica*, sacará a relucir todo su enfado contra el músico. Para el holandés, haber mostrado los rituales es un traición de la tradición masónica, sobre todo al haberlo hecho en un teatro «popular», en alemán y como forma de divertimento cómico. Desde su posición de poder, amenaza a un inocente Mozart con el descrédito profesional. Y aquí, es donde surge el conflicto con la trama que se resuelve de una forma diferente en la adaptación al cine, ya que es el propio Salieri «en su fantasía» el que decide a partir de este punto manipular a Mozart para «envenenarle». Pero no con un veneno físico, sino que decide convertirse en un personaje anónimo embozado en el traje negro que llevó el padre de Mozart en una fiesta y encargarle un trabajo que le llevará hasta la extenuación y la muerte: El *Requiem*. Más adelante explicaré quién era realmente el personaje en que se basa este episodio.

Estas dos escenas de «de la logia» y «del teatro» se resumen en el guión de la película en un único diálogo entre Salieri y Van Swieten reducido a su mínima expresión y en el que Mozart no está presente. Y podría parecer que el neerlandés sugiere a Salieri su eliminación, o al menos una reprimenda. Significativo es, al hilo de este asunto, las palabras de Salieri sobre cómo Mozart le desveló algunos secretos masónicos.

> SALIERI.—Me lo contó a mí. ¡Me contó todo!... Ceremonias de iniciación. Ceremonias con los ojos vendados. ¡Todos los rituales copiados de los Masones!... Estaba sentado en casa preparando su propia destrucción. Una casa donde la vida se hacía cada día más horrible.

El papel de la masonería en la muerte de Mozart

Sé que no descubro nada nuevo si afirmo aquí que tanto Wolfgang, como su padre Leopold fueron masones, al igual que Franz Joseph Haydn, que no atendió a la masonería con demasiada implicación, más bien lo contrario. Como bien saben masones y profanos de todo el mundo, el primer iniciado fue Wolfgang, que recomendaría la admisión tanto de su padre como la de su admirado compositor. Pero en lo que se refiere a su pertenencia, se ha descrito ya profusamente en numerosos artículos, convirtiéndose en un asunto lioso por ser divergente según las fuentes que lo desarrollen.

La filiación masónica de Mozart se circunscribe únicamente a sus últimos siete años de vida lo que hace todavía más sorprendente su eliminación de la trama de la película *Amadeus*. Aunque la colaboración musical de Mozart con las logias masónicas comenzó incluso antes de haber sido iniciado como masón, ya que buena parte de sus amigos y patronos pertenecían también a la masonería. Algunos autores como Christian Jacq defienden que los masones ya le habían echado el ojo como un posible miembro siendo un niño y que siguieron sus pasos hasta que estuvo preparado para ingresar.

Mozart fue admitido como aprendiz en la logia vienesa *Zur Wohltätigkeit* (De la beneficencia) un 14 de diciembre de 1784. Fue promovido al grado de compañero el 7 de enero de 1785, y se convirtió en Maestro Masón en un corto espacio de tiempo, practicando el denominado Rito de Zinnendorf. El rito Zinnendorf era el rito masónico regular más practicado en Alemania, explícitamente cristiano y trinitario y ampliamente difundido en Austria. En la actualidad funciona bajo un sistema de diez grados, que en un origen eran siete. Proviene del *Rito Sueco* y recoge el simbolismo templario de la denominada *Estricta Observancia Templaria*, de donde provienen sus miembros fundadores pero no de una forma literal, rechazando la adscripción a la alquimia y el hermetismo. Este rito, no tan conocido por masones y menos por profanos, es convalidable con grados del Rito Francés Tradicional [restablecido], del Rito sueco y del R.E.R. (Rito Escocés Rectificado). Para su práctica admite solo a varones, que para poder asistir a sus grados más altos deben además, ser cristianos. Para estos masones los evangelios son una fuente real fruto de la revelación y ciertos dogmas como la Santísima Trinidad son indiscutibles.

Sabemos únicamente el dato de que el 22 de abril de 1785, Mozart figura ya como maestro masón en los archivos de la logia. Apadrinado por el naturalista Ignaz von Born, Mozart, también asistió a las reuniones de otra logia, llamada *Zur Wahren Eintracht* (Verdadera Concordia). La logia *Zur Wohltätigkeit* se unió a otras dos en diciembre de 1785 debido a un decreto imperial conocido como la Patente de Masón promulgada por José II. Esta patente, que seguía el modelo de algunas anteriores como la *de Tolerancia*, de 1781, toleraba la práctica de la masonería, pero al mismo tiempo regulaba el número de masones activos posibles hasta un máximo de mil en la ciudad de Viena, poniendo al emperador a la cabeza de todo el sistema para no perderse nada que pudiera considerarse peligroso para el imperio. El nombre de Mozart también como miembro de esa logia unificada y llamada *Zur Neugekrönten Hoffnung* (La nueva esperanza coronada). Y frente a los que afirman que Mozart ingresó en la *Estricta Observancia Templaria*, podemos afirmar que es imposible, ya que esta obediencia había desaparecido dos años antes de 1784.

Federico II de Prusia, también masón, protegía a la masonería en esa parte de Alemania, mientras que Leopoldo II de Habsburgo, hermano y sucesor de José II, demostrará más reticencias frente a la masonería, debido al surgimiento de una nueva orden que empezaba a confundirse con la de los masones, aunque realmente no tenía tanto que ver: se trata de los *Illuminati* de Baviera. En su haber, sólo dos años de reinado y una muerte repentina en 1792, según algunos, como producto de algún veneno indetectable.

¿En qué se basa el mito del asesinato de Mozart a manos de hermanos masones? Veamos ciertos datos que nos ayuden a aclarar esto. En lo que se refiere al envenenamiento, la mayor parte de ideas surgen al respecto de la difusión de leyendas populares. Todo parece apuntar que dichas historias coinciden con los procesos de persecución a masones e Illuminati en Alemania y Austria. También con el miedo a la difusión de las ideas antirrevolucionarias y anti-jacobinas posteriores a la revolución francesa. Y a este tipo de leyendas se sumaron ciertas obras de ficción que aportaron un asociación entre la masonería, los Illuminati y ciertas formas perversas de asesinato. En todo caso, el único motivo posible del asesinato de Mozart a manos de masones provendría de una única circunstancia: la de haber revelado secretos masónicos a través del libreto de *La flauta mágica*, ya que su estreno tuvo lugar en un teatro popular con un público mayoritariamente profano. Y en el ritual de incoación de un masón, desde tiempos antiguos se jura no revelar esos secretos a cambio de la vida del iniciado, como garantía.

En cualquier caso, en lo referente al envenenamiento de Mozart por parte de los hermanos masones se hace inevitable una gran pregunta que cualquier investigador se haría. ¿Por qué el asesinato masónico fue solo contra Mozart y no contra Schikaneder? Al fin y al cabo, Mozart solo era el autor de la música. Es bien sabido que Emmanuel Schikaneder, libretista de *La Flauta Mágica* era también masón y podría haber sido considerado tan culpable como Mozart «por la revelación de secretos masónicos». El caso es que Salieri, el real no el de ficción, acabó por ser acusado «popularmente» de tal acto, origen del guion de *Amadeus*, lo que originó en él crisis nerviosas y que le llevaron a pasar ciego los últimos años de su vida internado en un hospital. Además, sabemos seguro que él sí que compuso un *Requiem* en re menor para su propia muerte, incompleto en la actualidad y fechado entre 1815 y 1820.

En otro orden de cosas, es cierto que durante el siglo XVIII se había puesto de moda un veneno llamado *Acqua Tofana* que se presumía indetectable y en todo caso parecía aumentar los efectos de enfermedades preexistentes. Pero de esto no hay ni una sola prueba y mucho menos que Wolfgang Amadeus Mozart recibiera algún tipo de envenenamiento con este método. Quizás el hipocondríaco Mozart escuchó alguna vez hablar de este veneno en los ambientes masónicos que frecuentaba y pudo pensar que alguien se lo estaba suministrando. Bien es verdad que en documentos requisados a la orden de los Illuminati de Baviera, algunas fuentes de la época afirman que entre la documentación encontrada había unas hojas en las que se hallaba la composición de este veneno. Pensemos, eso sí, que si en el caso de Mozart estuviéramos hablando de un caso de «crimen perfecto», el mero hecho de su perpetración implicaría la imposibilidad de su demostración. Gran paradoja que nos lleva a un punto sin retorno.

¿Quién acompañó a Mozart el día de su muerte?

Desvelado el enigma de mi antipatía hacia *Amadeus* como película y analizada la imposibilidad de demostrar con datos científicos un asesinato masónico, me permito reflexionar sobre una idea sencilla. No hace falta ser muy aficionado a la música para llegar hasta el dato de que Mozart no murió con Antonio Salieri en su habitación, eliminemos ya esa idea de nuestras cabezas. Y eliminemos también la imagen de un Salieri vistiendo un traje negro de carnaval con una doble máscara encargando la composición del *Requiem* a un Mozart en fase de autodestrucción, algo que ha quedado en el imaginario colectivo como una realidad indiscutible. Y sobre todo, eliminemos la idea de que Salieri transcribió el *Requiem* de Mozart. Hagamos algo de justicia a la verdadera historia.

Lo que sí sabemos es que realmente pudo existir una figura similar a la del fantasma negro de la película, se trata de Franz Anton Leitgeb, el enviado anónimo que embozado en negro, contactó con Mozart para que compusiera una misa de réquiem para los funerales de alguien desconocido. El «benefactor» que pagaba a Mozart por este encargo era un conde llamado Franz von Walsegg que además era músico aficionado. El objetivo de Walsegg era estrenar un *Requiem* en honor a su mujer fallecida, pero eliminando el nombre de Mozart y poniendo el suyo como autor. Esta es la base de la historia, y sobre estos datos, la leyenda completa todo lo demás.

A día de hoy es posible afirmar que Mozart falleció en Viena a la una menos cinco minutos de la madrugada del 5 de diciembre, siendo amortajado según el ritual masónico (manto negro con capucha), entendemos que sería según los manuales de su Rito específico, que como ya sabemos, era el *Zinnendorf.* En condiciones normales, un hermano masón que hubiera fallecido debería haber tenido un funeral masónico, si así lo requiere al Venerable Maestro de la logia correspondiente. Dependiendo del Rito, las fórmulas difieren, pero en el caso de la muerte de Mozart no hubo tiempo para casi nada. Quizás todo el proceso se aceleró por el estado de descomposición interna del cuerpo de Mozart, aunque consta que los preparativos del funeral fueron llevados a cabo por van Swieten.

Sobre las dos y media de la tarde del mismo día de su óbito, colocaron su cadáver en el coche fúnebre para trasladarlo hasta la catedral de San Esteban, donde aguardaba el cortejo. Allí, frente a la casa del enterrador, sobre un catafalco y al aire libre, colocaron el cuerpo. que recibió la bendición *post mortem* en la capilla norte, «la del Crucifijo». El cortejo fúnebre salió desde ese lugar para entrar en la catedral por la puerta del sacristán donde tuvo lugar la «bendición eclesiástica». Acabada la ceremonia, volvieron de nuevo al lado norte, al conocido como «púlpito de Capistranus», desde donde partieron para trasladar el cuerpo al cementerio de San Marx en Viena.

Su mujer, Constanze, había aceptado un sepelio de tercera categoría aconsejada por sus amigos y debido a la situación económica precaria en la que quedaba su pequeña familia. La cantidad exacta fue la usual para miembros de la burguesía media: ocho florines con cincuenta y seis kreutzer, al que se añadió un suplemento de tres florines para el coche fúnebre. Después de la muerte de Mozart, Constanze pidió al Emperador que le otorgaran una pensión de viudedad, ya que Mozart había servido al Emperador a tiempo parcial como compositor de cámara. La viuda de Mozart organizó una serie de conciertos con su música, y publicó muchas de sus obras asegurándose una estabilidad financiera.

Constanze ayudó también a su segundo marido, Georg Nikolaus von Nissen, con quien se casó en 1809, a elaborar una biografía más detallada de

Mozart. Nissen intentó llegar a un punto medio entre la versión dual de Sch-lichtegroll, construida a base de testimonios de terceras personas; y la de Niemetschek, que se basó esencialmente en los testimonios de la propia Constanze. Nissen Intentó así documentar lo que se había escrito hasta el momento, proporcionando una descripción apropiada de la vida de Mozart a partir de fuentes primarias, principalmente las cartas de la familia Mozart y su mujer, Constanze, como testigo de primer orden.

Al contrario de la película, Mozart fue enterrado al anochecer en una no-che suave y tranquila. Y no en una fosa común, sino en una tumba comuni-taria. Según su biógrafo Otto Jahn, al entierro asistieron Gottfried van Swie-ten, Franz Xaver Süssmayr, Antonio Salieri y otros dos músicos que no precisa. Quizás uno de ellos podría haber sido su amigo de confianza, el cla-rinetista Anton Stadler, que también era miembro de su misma logia. Parece ser que solo cinco días después de su muerte, tuvo lugar una ceremonia en la iglesia de San Miguel, sede de la *Congregación de Santa Cecilia*, donde en memoria de Mozart se interpretaron algunos fragmentos del *Requiem* (concre-tamente, el *Introitus* y el *Kyrie eleison*). El estreno final de la obra completa se produjo en Viena el 2 de enero de 1793, en un concierto a beneficio de Cons-tanze. Curiosamente, se interpretó de nuevo el 14 de diciembre de 1793, du-rante la misa que conmemoraba la muerte de la esposa del conde Walsegg y bajo la dirección del propio conde. Después de esta interpretación, el *Requiem* de Mozart no volvió a interpretarse bajo el patrocinio de Walsegg.

Un *Requiem* inconcluso, que por deseo expreso de Mozart fue terminado por otro compositor, quizás pensando en que su viuda cobrara el trabajo al finalizarlo. Y aquí es donde todo apunta a que fue el discípulo de Mozart, Franz Xaver Süssmayr quién terminó la obra sin revelar su autoría, para faci-litar su estreno y los posibles beneficios que pudiera aportar a la familia del compositor. Sabemos que Mozart completó íntegramente únicamente el In-troito. El *Kyrie* y la *Sequentia* fueron en gran parte compuestos por él, aun-que los terminó Süssmayr. El Ofertorio, también comenzado por Mozart, fue revisado por su alumno, mientras que los dos siguientes movimientos fue-ron compuestos en su totalidad por Süssmayr.

En este mundo de redes y de inteligencias artificiales, sólo hace falta un poco de interés para comprender que Mozart murió en otro contexto com-pletamente diferente del que tradicionalmente aceptamos. El de unos perso-najes que le acompañaron en ese proceso fatal y a los que el *mainstream* de una película ha borrado de la historia durante muchos años. Para tratar de aclarar esto veamos el testimonio acerca de un amigo íntimo de Mozart lla-mado Benedikt Schack, que cantó en las primeras representaciones de *La flauta mágica* el personaje de Tamino:

En la víspera misma de su muerte, Mozart tenía la partitura del Réquiem sobre su cama y él mismo (eran las dos de la tarde) cantó la parte destinada al alto; Schack, amigo de la familia, cantó la parte del soprano, como había hecho en anteriores ocasiones; Hofer, cuñado de Mozart, el tenor; Gerl, que sería posteriormente cantante en el teatro de Mannheim, la del bajo. Estaban en los primeros pentagramas de Lachrymosa cuando comenzó a llorar amargamente, dejó la partitura a un lado y, once horas después, a la 1 de la madrugada (del 5 de diciembre de 1791, como es conocido), abandonó la vida.

Por supuesto, ni una sola palabra acerca de Salieri. Lo que parece difícil es que Mozart en un estado tan avanzado de su enfermedad, el día anterior estuviera cantando. Niemestchek refleja una historia parecida:

> Un día antes de su muerte pidió que le llevaran la partitura al lado de su cama. «¿No dije antes que estaba escribiendo el Réquiem para mí mismo?». Después de decir esto, miró otra vez con lágrimas en sus ojos la obra completa.

Sobre el tema del «dictado» del *Requiem* a su discípulo Süssmayr, no está tampoco del todo claro, ya que mientras que Sophie Weber afirmó que recordaba que Mozart dio instrucciones a Süssmayr, Maynard Salomon lo pone en duda y localiza la primera referencia a este hecho en 1856.

En una carta de 1840, el compositor Ignaz von Seyfried nos dice que Mozart, «en su última noche» estuvo pensando en el éxito de su Flauta Mágica y en la interpretación de su cuñada Josepha Hofer, de la reina de la noche. Y Solomon nos remite a un recuerdo directo de Constanze que nos transmite una visión más dura de lo que allí pudo pasar.

> [...] él dijo: «No es verdad», y estuvo muy apenado: «Moriré, ahora que estoy en condiciones de cuidar de ti y de los niños. Ah, ahora os dejaré desvalidos». Y cuando dijo estas palabras, «de repente vomitó (saliendo de él como un líquido marrón) y ya estaba muerto».

El hijo pequeño de los Mozart, de nombre Franz Xaver, había nacido en julio de 1791. Pero en el momento de la muerte de Mozart, quien sí estaba presente era el hijo mayor del matrimonio, llamado Karl y que tenía tan solo siete años. Más tarde escribiría:

> En mi opinión es particularmente destacable el hecho de que unos pocos días antes de su muerte, su cuerpo entero estaba tan hinchado que era incapaz de hacer el más mínimo movimiento, además, había un hedor, que reflejaba el estado interno de descomposición en el que se encontraba y aumentó tanto que después de su muerte la autopsia fue imposible.

Con respecto a la muerte de Mozart, es justo decir que todo está bajo el inmenso paraguas de la duda. No se sabe a ciencia cierta cuál fue la enfermedad que causó su muerte, ni qué ocurrió en los instantes previos a su óbito. Son varias las hipótesis sobre las posibles causas de su fallecimiento y según su hipotético «historial clínico», sufrió enfermedades como periodontitis, episodios de reumatismo, neumonía, amigdalitis, fiebre tifoidea y viruelas. Y en lo que a su enfermedad fatal se refiere, comenzó a desarrollarse durante una visita a Praga (partiendo de Viena el 25 de agosto de 1791) para supervisar la representación de su nueva ópera *La Clemenza di Tito* y Franz Niemetschek le describió como alguien que pese a su tristeza y su palidez, mostraba a menudo su buen humor a sus amigos.

Al volver a Viena de este viaje, Mozart siguió trabajando para completar su concierto para clarinete y también comenzaba a ultimar los detalles con su hermano masón Schikaneder para el estreno de *La Flauta Mágica* el 30 de septiembre. Es precisamente la biografía de Niemetschek la que narra un episodio con su mujer Constanza la que quizás sea una de las primeras citas a la que llamamos leyenda del envenenamiento.

Parece ser que Mozart entró en un proceso que hoy llamaríamos episodio depresivo y que en uno de sus paseos por la ciudad junto a su esposa le hizo saber que su enfermedad iba en aumento, que le preocupaba la muerte, el poco tiempo que sentía que le quedaba y que pensaba que estaba siendo «envenenado». Lo que no sabemos es si esta actitud podría ser parte de su proceso psicológico de aceptación de su enfermedad o incluso un síntoma derivado de ella.

Según Maynard Solomon, esta idea se fue de su cabeza al dejar de trabajar en el *Requiem* por la prescripción médica de su médico Nicolaus Closset. Entonces Mozart se sintió eufórico al cambiar su trabajo por otra música bien diferente, la cantata masónica K.623 cuya finalidad principal sería conmemorar la inauguración de un nuevo templo masónico adscrito a la logia de Mozart y que sería estrenada el 18 de noviembre. El propio Mozart refutará su propia hipótesis del envenenamiento con las palabras que dijo a su mujer:

> Sí, ya veo que estaba enfermo cuando tuve la idea absurda de haber sido envenenado, devuélveme el Requiem y lo terminaré»

Palabras que fueron reproducidas por Constanze años después en una visita de la escritora inglesa Mary Novello y que son citadas en la biografía de Solomon. Pero los síntomas seguían ahí y las enfermedades no entienden de leyendas. El genio de Salzburgo volvió a trabajar en su *Requiem* e incorporó de nuevo la idea del envenenamiento, cayendo postrado en su cama un veinte de noviembre, con una fuerte hinchazón, vómitos y dolores. Otro de sus primeros biógrafos, que acabaría ser el segundo marido de la viuda de Mozart, Georg Nikolaus von Nissen, anotó muchos de los detalles de los síntomas según se los iba narrando la hermana de Constanza, la cantante Sophie Weber:

«[la enfermedad] comenzó con la hinchazón de las manos y los pies, que estaban casi inmovilizados por completo, seguido de vómitos repentinos. [...] hasta dos horas antes de su partida estuvo plenamente consciente». Su cuerpo se hinchó tanto que no podía levantarse de la cama o incluso moverse por sí mismo.

Tenemos que ir, por tanto hasta ese fatídico domingo 4 de diciembre de ese año de 1791, a su apartamento de la *Rauhensteigasse*, en el que a eso de la medianoche llegó el médico Closset de la ópera y al ver al enfermo, le recetó un tratamiento que debió ser letal para el gran músico. La orden fue ponerle compresas frías sobre la frente para bajarle la fiebre. Quizás el cambio de temperatura hizo efecto en él, tanto como para hacerle perder el conocimiento, que ya no volvería a recuperar. Según Sophie Weber, los últimos suspiros de Mozart fueron estremecedores, «*como si hubiera querido, con la boca, imitar los timbales de su Requiem*».

No son pocos los médicos que han tratado de explicar la muerte del salzburgués citando desde las fiebres reumáticas agudas hasta la triquinosis. Y entre ellas, una de las más curiosas es la que tiene que ver con su muerte por veneno si, pero no suministrado por los masones. No hablamos de suicidio, sino que de forma involuntaria, su hipocondría aguda le habría llevado a tomar varias medicinas, uno de cuyos principales ingredientes activos era el antimonio.

Entre las hipótesis más recientes se encuentra la de Peter J. Davies del Hospital St. Vincent de Melbourne, Australia. Este doctor opina que Mozart pudo morir a causa de una infección por un estreptococo que pudo contraer «en una reunión en su logia masónica» un 18 de noviembre de 1791, más o menos un año antes de su muerte. Esta infección le haría desarrollar los síntomas del conocido como síndrome de Schönlein-Henoch, que le provocó hipertensión, lo cual generó una hemorragia intracerebral y un derrame que dio lugar a una parálisis de un lado del cuerpo (hemiplejía).

Por otro lado, el desarrollo de una insuficiencia renal le llevaron a sufrir malestar y vómitos, hinchazón en las extremidades y en el cuerpo por la retención de líquido, poliartritis y fiebres altas. Por si era poco, se sumó a este cuadro una bronconeumonía que apareció en los últimos estadios de la enfermedad. Para acabar de rematar al genio de Salzburgo y sabiendo que los procedimientos médicos dejaron bastante que desear, a las cataplasmas o al uso de paños fríos para la fiebre, se sumaron las tradicionales flebotomías, o extracciones de sangre, que eran una herencia de la medicina galénica y de su concepción de los «humores» del cuerpo en la sangre. Técnicas que podrían estar relacionadas con sus desmayos y pérdidas de energía y el estado depresivo en los últimos meses de su genial y corta vida.

AMADEUS, EL EVANGELIO SEGÚN SALIERI

Empecé a escribir este artículo haciendo un ejercicio de memoria. Traté de visualizar los episodios de la película que estaban en mi recuerdo, a los que sumé las sensaciones de la versión teatral en alemán a la que asistí en la ciudad de Ingolstadt, en Baviera. Luego y casi redactado en su totalidad, decidir ver de nuevo la película de principio a fin para volver a refrescar todos los fragmentos que conocía y sobre todo integrar los que no recordaba en absoluto, por supuesto en la versión original en Inglés. Y resultó ser un proceso sorprendente e interesante, en el que me di cuenta de algo curioso: que Mozart es para cualquier espectador de *Amadeus* un ser entrañable que despliega unos valores de humanidad y de normalidad que se identifican con el pueblo llano. Su naturalidad le hace ser visto como un hombre de principios sólidos, un idealista que frente al convencionalismo, apuesta por salirse de la norma siguiendo los dictados de su corazón desde lo más profundo. El Mozart de *Amadeus* no desea la gloria que desea Salieri, lo que verdaderamente desea es la perfección y la belleza que sale de forma natural de sus notas. Como si él fuera el vehículo por el que Dios habla.

En lo que se refiere a su asesinato a manos de masones, no sabemos nada. Y salvo que apareciera algún documento sorprendente que diera un giro al guión de esta historia, lo más probable es que sigamos sin saberlo por muchos años. Solo quedan dos posibles resquicios en este enigma: el primero, su propio testimonio del que renegó después, para volver a aceptarlo finalmente. Y el segundo es que si alguien le hubiera envenenado con alguna sustancia indetectable similar al *Acqua Tofana*, daría lo mismo, ya que al no hacerse autopsia del cadáver no se habría descubierto el asesinato. Solo el hallazgo de su cuerpo y la medicina forense podrían resolver el enigma.

Por eso, y ante la falta de documentación específica podríamos afirmar con una cierta solidez que no existe a día de hoy ninguna prueba documental, ni testimonio que induzca a pensar que Wolfgang Amadeus Mozart fue envenenado por alguna persona, institución o grupo secreto, y menos por la masonería. Lo que no significa que en un futuro de próximas investigaciones no pudieran encontrarse. A día de hoy, todas las afirmaciones al respecto derivan de conjeturas, testimonios segados de fuentes no directas, interpretaciones e hipótesis sin ningún apoyo documental específico que servirían de prueba en cualquier juicio con garantías.

En *Amadeus*, Antonio Salieri necesita el perdón de Dios por haber cometido el pecado de desear el talento de Mozart hasta tal punto que desea también su muerte. Sabe que no podría asesinarlo con sus propias manos y se plantea envenenarlo, pero es tan cobarde que ni siquiera eso puede. Al final decide que sea el mismo Mozart el que acabe con su vida como fruto del trabajo excesivo y del agotamiento. En su locura aparente, Salieri prefiere pasar a la historia como el asesino de Mozart antes que perderse en el abismo de la mediocridad y el olvido. Porque como dice al final de la película, de no ser por su plan habría pasado desapercibido, como uno más de los músicos mediocres que no llegaron a la gloria verdadera, la de aquellos que perduran. Por eso bendice a todos los mediocres, de entre los cuales, él es «el campeón». En *Jesucristo Superstar* el verdadero protagonista no es Jesús, sino Judas, que nos cuenta la historia a través de su propio prisma, el del traidor necesario para que la historia se consume. De igual manera Mozart es el mesías y *Amadeus* el evangelio según Salieri. ⚜

Bibliografía de Referencia

Davies, Peter J. (1984). *Mozart's Illnesses and Death* — 1. The Illnesses, 1756–90. 125, n.o 1698 (agosto). The Musical Times. pp. 437-442.

Deutsch, Otto Erich (1966). *Mozart: A Documentary Biography.* Stanford University Press.

Niemetschek, Franz Xaver. *Leben des K.K. Kapellmeisters Wolfgang Gottlieb Mozart* (1798). *Lebensbeschreibung des K.K. Kapellmeisters Wolfgang Amadeus Mozart* (1808).

Nissen, Georg Nikolaus. *Biographie W. A. Mozart's. Nach Originalbriefen, Sammlungen alles über ihn Geschriebenen, mit vielen neuen Beylagen, Steindrücken, Musikblättern und einem Facsimile.*

Robbins Landon, H. C. (2005). 1791: *El último año de Mozart.* traducción de Beatriz del Castillo y Gabriela Bustelo. Madrid: Siruela. p. 288. ISBN 84-7844-908-6.

Schlichtegroll, Adolf Heinrich Friedrich. Nekrolog auf das Jahr 1791. (1793)

Schuler, Heinz (1966). *Musik und Freimaurerei.* Florian Noetzel. Wilhelmshaven, 2000 ISBN 3-7959-0788-8

Solomon, Maynard (1995). *Mozart: A Life.* Nueva York: Harper Perennial. ISBN 0-06-092692-9.

Thomson, Katherine (1977). *The Masonic Thread in Mozart.* Londres: Lawrence and Wishart. ISBN 0853153817.

La Partitura de la Reina es una novela de intriga emocional y pulso histórico donde el poder, la memoria y el amor encuentran su clave en las notas. Una atmósfera deslumbrante, personajes de carne y música, y un enigma que solo puede resolverse escuchando.

Déjate llevar por el rumor del Tajo. Abre la partitura. La música ya está hablando.

Josep-Lluís Domènech Gómez, funcionario emérito del Excmo. Ayuntamiento de Barcelona; ha sido Venerable Maestro de la R. L. Montjuic, Gran Canciller y Gran Maestro Adjunto del Gran Orient de Catalunya. Es Gran Maestro Adjunto para Exteriores, de la Gran Logia Simbólica de España (GLSE). Es miembro de la R.L. Ciencia i Llibertat y del Supremo Consejo Masónico de España (SCME) del que es grado 33º y presidente del Capítulo Rosacruz Salud, Fuerza y Unión. Fue iniciado en el Rito Egipcio en la Grande Loge Française de Memphis-Misraîm, en Perpignan (Francia). Es autor de los conocidos ensayos de la serie de los Altos Grados del Rito Escocés Antiguo y Aceptado: *Logia de Perfección, Capítulo Rosacruz, Príncipe del Tabernáculo, Príncipe Kadosh* y *Consistorio*, además de otros ensayos masónicos como *El Venerable Maestro* (en español y en catalán) y *El silencio masónico, Los Oficios de la logia, Manual de procedimientos operativos de logia* y *Las planchas masónicas.* Es también autor-compilador de los *Rituales Altos Grados del Rito Escocés Antiguo y Aceptado (Grados 4º-33º),* obra de enorme difusión en todo el mundo de habla española.

LEO TAXIL,
DE LA IMPOSTURA ANTIMASÓNICA A REFERENCIA HISTORIOGRÁFICA SOBRE LA MASONERÍA

Josep-Lluís Domènech Gómez

«Los católicos me creyeron sin dudar una palabra...
era demasiado tentador no aprovecharse».
«La Iglesia católica ha sido mi mejor aliada:
se tragó mi sátira entera, sin siquiera atragantarse».

Frases atribuidas a Leo Taxil en torno a su famosa confesión pública del 19 de abril de 1897 en la Sociedad Geográfica de París, donde desveló que toda su historia sobre la masonería satánica y el culto a Lucifer había sido un engaño deliberado.

Cuando se aborda la figura histórica de Leo Taxil, cuyo nombre real era Gabriel Jogand-Pagès, nos encontramos con un personaje controvertido y poliédrico que escandalizó y fascinó a historiadores de la masonería y del clericalismo por igual. Y que su efecto pernicioso aún persiste histórica y literariamente pese al inexorable paso de los años.

Nacido en Marsella el 21 de marzo de 1854, en el seno de una familia burguesa con unos claros ideales religiosos y católicos, su vida estuvo marcada por una singular y a menudo contradictoria evolución ideológica; salpicada por una personalidad compleja con matices contradictorios entre audaz e insana, que marcó indefectiblemente su amplia y curiosa biografía, ya que desarrolló una poderosa inclinación natural hacia la fabulación y el engaño. Que ya prefiguraba su posterior y futura carrera o deriva como un gran *maestro de la fantasía*.

Sus primeros años estuvieron imbuidos de una educación jesuita, con una formación sólida que, irónicamente, sentaría las bases para su posterior y virulenta crítica al catolicismo y a la masonería, desde los cimientos de una densa y capacitada cultura general. Esta dicotomía temprana, es crucial para entender la complejidad de su personalidad y la audacia con la que se embarcó en sus polémicas, complicadas y futuras empresas literarias y periodísticas.

Desde joven, Taxil mostró una inclinación por el periodismo y la singularidad del ejercicio solvente de un género literario y periodístico basado en todo momento en la puesta en marcha de la *reyerta redactada*.

Nunca fue ajeno al influjo de titulares sensacionalistas, escandalosos y polémicos que invitaran a la lectura y posterior venta inmediata, en base al uso de titulares impactantes.

Su caso constituye un *paradigma expositivo* de como el sensacionalismo, la credulidad institucional y los prejuicios preexistentes, pueden confluir para poder crear una de las mayores supercherías de la historia moderna, cuyo impacto aún perdura hasta nuestros días.

Con apenas 20 años, se trasladó a París en la década de 1870, un período de efervescencia política y social en Francia, procedente de Marsella, en donde ya había soliviantado la opinión pública, a partir de una publicación en un folletín denominado *La Marotte* desde el que logró convencer a las autoridades municipales marsellesas de que una plaga de tiburones amenazaba las costas de la región. Esta invención movilizó a más de cien soldados armados con arpones y varias chalupas de pesca, solo para descubrirse posteriormente que los tiburones existían únicamente en la imaginación del joven Taxil, quien había escrito todas las cartas llegadas a la redacción, enviadas supuestamente por inexistentes pescadores de la zona.

Contexto ideológico e histórico

Para poder describir con un poco de propiedad histórica el tiempo en que se desarrolló esta interesante faceta de la masonería, nos tenemos que referir indefectiblemente a una Francia polarizada: la Francia de la Tercera Republica.

El ambiente de esta época (1870-1940) estuvo marcado por una profunda crispación y tensión social, como resultado del enfrentamiento entre los movimientos republicanos, liberales y laicos, y la Iglesia católica, con la masonería desempeñando un papel central preponderante y decisivo en este conflicto.

Tras la derrota frente a Prusia y la caída del Segundo Imperio, la República emergió en un efervescente contexto de inestabilidad política y social, donde la influencia de la Iglesia era todavía considerable, especialmente en la educación y en la vida cotidiana. Por otra parte, La masonería, especialmente a través del Gran Oriente de Francia (GOdF), se consolidó como un pilar del republicanismo y del laicismo, promoviendo la libertad de conciencia y la separación de poderes entre Iglesia y Estado.

Esta confrontación se agudizó en torno a la cuestión educativa, pues la mitad de los niños franceses recibía instrucción en centros religiosos y la enseñanza del catecismo era obligatoria en muchas escuelas. Para contrarrestar estos arcaicos y vetustos valores, los masones y los republicanos impulsaron una reforma educativa basada en la laicidad, la gratuidad y la obligatoriedad escolar, como punta de lanza, con el objetivo de formar ciudadanos libres de la tutela clerical y de los dogmas religiosos. El laicismo se convirtió en una suerte de nuevo evangelio republicano, y la escuela pública en el principal campo de batalla ideológico, donde la masonería y organizaciones afines, como la Liga de la Enseñanza, combatieron el poder efectivo hasta entonces de la Iglesia y defendieron la ciencia, la razón y los valores republicanos, como antorcha cívica viva iluminadora de la sociedad y del progreso.

La tensión alcanzó su punto álgido con la aprobación de la Ley de Separación de la Iglesia y el Estado (1905), que abolió el Concordato vaticano hasta entonces existente y supuso la expulsión de las órdenes religiosas dedicadas a la enseñanza, así como la retirada de símbolos católicos de los espacios públicos. La reacción de la Iglesia y de los sectores conservadores fue intensa, generando una polarización social que se manifestó en duros altercados y en un movimiento de revalorización religiosa, frente al Iluminismo racionalista. Sin embargo, la política laica y anticlerical de la República, apoyada por la masonería y los partidos radicales, terminó por consolidar un modelo de Estado secular que marcaría el devenir político y cultural de Francia en el siglo XX y hasta nuestros días.

El primer contacto con la masonería

Leo Taxil, a su llegada a Paris, procedente de un corto y obligado exilio en Suiza, para evitar ser detenido debido a sus negligentes y escandalosas publicaciones, trabajó como *freelance* en diversas redacciones de periódicos de la capital, y desde el primer momento, abrazó una línea de anticlericalismo radical a la moda. Taxil se presentó como un sobresaliente paladín de la libertad de pensamiento, autodenominándose *flagelador impenitente de la superstición y la tiranía religiosa.*

En varias publicaciones, como colaborador y en algunas como director, como *Le Diable au XIXe Siècle* y *La Libre Pensée*, destacó en primera línea, con escritos y artículos, que se caracterizaban por ataques mordaces y a menudo difamatorios contra la Iglesia Católica, sus dogmas, sus jerarquías y por ende a sus fieles practicantes. En esta etapa, con su prosa incisiva, sensacionalista y diseñada para provocar una reacción masiva, le ganó tener tanto seguidores fervientes como acérrimos detractores, además de variadas sanciones y condenas por difamación. En este ciclo, Taxil se presentó como un campeón de la libertad de pensamiento y de la ciencia, oponiéndose a lo que consideraba la superstición y la tiranía religiosa.

Su revista *L'Anti-Clerical* llegó a tener una tirada de casi 60.000 ejemplares a la semana lo que dejaba bien patente la amplitud de su audiencia y la efectividad de su estrategia sensacionalista.

Los títulos eran deliberadamente agresivos, ofensivos y muchos totalmente falsos y sin contenido real, como *Los amores privados del Papa Pío IX*, *¡Abajo los curas!*, *Los crímenes del alto clero contemporáneo* y *León XIII, el envenenador*, buscando siempre y en todo momento, generar una reacción masiva contraria y contundente, que asegurase ventas y debates encendidos. Creaba relatos grotescos, acusaciones de inmoralidad y prácticas abominables, todo ello presentado con un estilo mordaz, accesible y creíble para el gran público, pero la mayor parte de las veces a caballo de la falsedad. Este enfoque no solo le granjeó seguidores, sino que también le permitió amasar una considerable fortuna, demostrando la rentabilidad del escándalo y la desinformación ya en aquellos tiempos.

Su adscripción a la Orden masónica

La relación de Taxil con la masonería vista con perspectiva histórica contrastada, es particularmente compleja y, en última instancia, contradictoria. Inicialmente, al igual que muchos anticlericales de su tiempo, vislumbró en la francmasonería una aliada natural en la lucha contra el poder de la Iglesia. Creía que la masonería, con sus principios de racionalismo, fraternidad y búsqueda del conocimiento, encarnaba los ideales de la Ilustración y representaba una fuerza progresista en la sociedad.

Por ello, decidió afiliarse, intentando incluso promover su propia visión del anticlericalismo dentro de la institución. Pero su condición de recién llegado, de Aprendiz y en posterior momento de Compañero, ralentizó sus intenciones. En este período, Taxil parecía genuinamente comprometido con los principios masónicos, aunque su activismo siempre estuvo teñido de un extremismo que a menudo rozaba el ridículo. Por lo que generó mucha controversia en las filas masónicas. Tenía un gran espíritu negativo para su credibilidad, y era su necesidad y búsqueda en todo momento de protagonismo, y desde buen principio desdeñó el mensaje masónico de la fraternidad.

Pero, Taxil comprendió con agilidad mental intuitiva que el desconocimiento general sobre la institución masónica y su *aura de secretismo* ofrecían un terreno fértil para el engaño a grandes trazos desde la atalaya de titulares lacerantes e incitantes. Fue pergeñando con propósito insano, el combinar elementos auténticos de los rituales y símbolos masónicos, mezclándolos con invenciones propias, para poder posteriormente intentar dinamitar cómodamente a la Orden, desde fuera con el arma efectiva del libelo desaprensivo y audaz.

En 1881 había solicitado su ingreso en la logia masónica parisina Templo de los Amigos del Honor Francés, donde fue recibido con el grado de Aprendiz. Sin embargo, su permanencia fue efímera y conflictiva. Su carácter, como hemos dicho, acostumbrado a la libertad absoluta de expresión y a la ausencia de compromisos organizacionales, no se adaptó bien a la estructura jerárquica y a las obligaciones morales que imponía la Orden. Más grave aún, Taxil se vio involucrado en la vida civil en casos de plagio, llegando a copiar y plagiar textos de autores como Víctor Hugo, Louis Blanc y otros. Lo que le valió serias advertencias para su contención pública de sus Hermanos de logia. Pero que por otra parte iniciaban un proceso inevitablemente sustancial hacia su salida de la masonería.

En enero de 1882, apenas diez meses después de su iniciación, fue expulsado que no irradiado, definitivamente de la logia por plagio y conducta inmoral, prohibiéndosele, por lo tanto, el ingreso en cualquier otra logia masónica de por vida. Esta expulsión definitiva resultó ser el catalizador de su posterior campaña antimasónica. El rechazo institucional, al que fue sometido, masónica y socialmente, alimentó un resentimiento que se convertiría *en el motor de su venganza elaborada*. Su breve pero conflictivo paso por la masonería le proporcionó, sin embargo, una percepción superficial a nivel de conocimiento de los rituales, símbolos y estructura organizativa, que posteriormente utilizaría para dar verosimilitud a sus invenciones.

Sin embargo, sería conveniente añadir que consiguió furtivamente una completa y fiel documentación de rituales y mementos, situación que comportó que actualmente parte de lo que expuso en sus obras, sirva al pie de la letra, como documentación y bibliografía para historiadores y masonólogos, debido a la exactitud de los textos, que no de su esencia.

El libelo y la farsa desatados

En esta nueva fase, Taxil afirmó haber descubierto los más oscuros y satánicos secretos de la masonería, alegando que esta era en realidad una secta diabólica dedicada a la adoración de Lucifer y a la subversión del orden social y religioso. Con un estilo retórico cargado de dramatismo, anécdotas sensacionalistas y afirmaciones de dudosa veracidad histórica, siguió elaborando un cuidadoso relato, donde la masonería aparecía como una fuerza oculta y corrosiva, al mismo tiempo que denunciaba la supuesta hipocresía o complicidad de ciertos sectores eclesiásticos, confabulados con ella. Lo que se convertía como un diabólico fuelle que alimentaba el fragor de un fuego oscurecido por la incultura, el estúpido temor católico de aquellos tiempos, que avivaba el crepitar de las llamas de la incomprensión y del odio desatado, fruto todo, de un contexto general embrutecido por la incultura ancestral de una significativa mayoría social.

Sin embargo, la visión global y su valor de contraste y documentación, no reside tanto en la veracidad de los hechos que exponía, sino en su valor documental e histórico como testimonio de época.

Taxil no escribía desde la distancia crítica de un historiador, sino desde la trinchera de los hooligans de su tiempo, en una Europa obsesionada con el poder de las logias masónicas, la decadencia moral de las instituciones religiosas, las amenazas del secularismo o el regreso de los dogmas.

La obra general de Taxil, refleja, por tanto, las tensiones ideológicas del siglo XIX: el choque entre fe y razón, Iglesia y Estado, ciencia y religión, y en fin, dogma y libertad. Una sopa apetitosa para el ejercicio del libelo, la mentira ilustrada y la sordidez de la falsedad literaria.

Su farsa fue recibida con entusiasmo por sectores católicos deseosos de confirmar sus prejuicios, y sus publicaciones —repletas de detalles escabrosos y seudopornográficos— gozaron de enorme éxito comercial y mediático.

Desde un ámbito falsamente de *masón arrepentido*, Taxil explotó la opacidad y el desconocimiento público sobre los rituales y símbolos masónicos para construir relatos que, aunque falsos, resultaban plausibles para quienes no tenían acceso directo a la realidad de la masonería.

Taxil, eligió acusar a la masonería de satanismo como parte central de su estrategia de manipulación, porque supo analizar e
identificar un contexto histórico y social especialmente receptivo a este tipo de acusaciones. Su estrategia se apoyó en la credulidad y el desconocimiento de la época, logrando instalar en el imaginario colectivo la falsa idea de una masonería satánica, mito que perduró mucho después de que él mismo confesara el fraude.

Aparece la Orden del Palladium

La cumbre de esta cruzada personal antimasónica fue la invención de la figura singular de la *Orden del Palladium*, basada en una red sofisticada de datos y mentiras, denunciando una supuesta congregación de masones que adoraba a Baphomet (un ídolo con patas de cabra, pechos femeninos y alas de murciélago) y perpetraba rituales demoníacos, con misas negras en templos subterráneos bajo el Peñón de Gibraltar y el Monte del Templo en Jerusalén, profanando hostias consagradas y crucifijos en rituales que combinaban orgías con invocaciones demoníacas.

Para adobar con más credibilidad sus diatribas hizo aparecer en escena a una supuesta sacerdotisa luciferina de nombre *Diana Vaughan*, ex masona que, según Taxil, había sido una gran sacerdotisa del luciferianismo dentro de la Orden. *Vaughan* fue descrita por Taxil, como una mujer de noble cuna, descendiente de un linaje de masones satánicos, y sus escritos de *Confesiones* detallaban ritos horripilantes, orgías y sacrificios humanos supuestamente practicados en las logias masónicas de los grados superiores. cuya *Autobiografía* describía orgías con demonios. Los detalles eran grotescos: diablos rojos escribiendo profecías en su espalda o banquetes con *Huevos de Salamandra* y otras exquisiteces demoniacas. Estas descripciones, ilustradas con grabados sensacionalistas, presentaban «pruebas» como supuestas actas de reuniones y símbolos herméticos falsificados.

En sus *Memorias de una Ex-Palladista* (1895), narraba encuentros con demonios como Asmodeo, quien le escribía profecías en la espalda con su cola, y banquetes con comida afrodisiaca extraída de antiguos y secretos grimorios. Taxil llegó a publicar facsímiles de cartas donde Vaughan «confesaba» pactos satánicos, e incluso inventó su conversión al catolicismo tras un supuesto exorcismo.

La Iglesia, engañada, distribuyó sus escritos como propaganda antimasónica, ignorando que Vaughan era la secretaria de Taxil, sin ninguna otra acción por su parte que ayudar literariamente a su jefe de redacción.

Otro libelo de gran éxito fue *Las Hermanas Masonas* (1893) en la que se detallaban rituales grotescos con toda clase de profanaciones de símbolos cristianos, hostias robadas de sagrarios eclesiales atravesadas con dagas y crucifijos sumergidos en heces. Descripciones dantescas de bautismos satánicos con recién nacidos consagrados a Lucifer con sangre de cabra. Y descripciones literarias de una supuesta teúrgica demoniaca con descripción detallada de invocaciones de demonios mediante espejos negros y pentagramas invertidos.

Taxil publicó libros como *Les Frères trois points* y *Le Diable au XIXe siècle*, que se vendieron por millones y fueron traducidos a varios idiomas, alimentando la histeria colectiva y confirmando los peores temores de aquellos que veían en la masonería una amenaza al catolicismo.

Fraude expositivo vinculado a falsas acusaciones sobre otros lideres masónicos

Taxil vinculó su fraude con figuras históricas reales. Acusó a Albert Pike, líder masónico estadounidense, de ser el Soberano Pontífice del Satanismo Universal que dirigía los aquelarres desde Charleston. Inventó correspondencia cifrada entre Pike y el diablo, y describió un «congreso demoníaco» en 1889 donde supuestamente se planeó el asesinato del Papa León XIII.

Estas mentiras, difundidas en panfletos como *Los Asesinatos Masónicos* (1894), convencieron incluso al clero y los obispos y cardenales, pese a las denuncias de masones como *Northrop*, quien aseguró que sus logias jamás practicaron cultos luciferinos, le siguieron a pies juntillas.

Taxil tejía sus mentiras con una mezcla de ocultismo decimonónico, parodia anticlerical y sensacionalismo periodístico, explotando la credulidad de una época obsesionada con lo esotérico. Generó de manera espuria y falsa una supuesta «red de testigos» de todas sus falsedades con una dosis de valentía casi al borde de la credulidad, haciendo aparecer a un ficticio doctor Charles Hacks (alias «Dr. Bataille») que avalaba las historias falsas recreadas en *El Diablo en el Siglo XIX* (1892), afirmando haber infiltrado logias satánicas.

Esta situación hoy en día puede parecer de una insoportable candidez por parte del mundo antimasónico y especialmente difícil de digerir ciñéndonos a la potente maquinaria del Vaticano en cuestiones diplomáticas y de protocolo, pero el contexto de aquellos años era otro.

Las estrategias de manipulación mediática eran totalmente diferentes y Taxil pudo fácilmente colocar tres en la bandeja de la historia. Sensacionalismo gráfico: ilustró sus libros con grabados de Baphomet y orgías rituales, atrayendo a un público ávido de escándalos. Escalada progresiva: comenzó acusando a los masones de deísmo, luego de satanismo, y finalmente de planear el asesinato del Papa. Acceso al poder: engañando al propio León XIII, quien le concedió una audiencia privada en 1887 y financió sus publicaciones. La credulidad papal blindó su fraude ante críticas.

El Prejuicio Teológico bajo un clima de paranoia

La Iglesia Católica, bajo el papado de León XIII, ya había declarado en la encíclica *Humanum Genus* (1884) que la masonería era «el reino de Satanás en la Tierra». Esta condena dogmática creó un marco mental donde cualquier «prueba» de satanismo masónico era aceptada sin crítica. Taxil explotó esta paranoia institucional: sus historias de misas negras y adoración a Baphomet encajaban en la narrativa vaticana de una conspiración global anticristiana. La jerarquía eclesiástica, convencida de luchar contra un enemigo metafísico, vio en Taxil a un «arrepentido» providencial que confirmaba sus tesis:

> Ahora, a ejemplo de nuestros Predecesores, hemos resuelto declararnos de frente contra la misma sociedad masónica, contra el sistema de su doctrina, sus intentos y manera de sentir y obrar, para más y más poner en claro su fuerza maléfica e impedir así el contagio de tan funesta peste. Y en efecto, la única educación que a los masones agrada, con la que, según ellos, ha de formarse la juventud, es la que llaman laica, independiente, libre; es decir, aquella que excluye toda idea religiosa. Pero cuán escasa sea esta, cuán falta de firmeza y a merced del soplo de las pasiones, bien lo manifiestan los dolorosos frutos que ya se están viendo. Dondequiera que esta educación ha co-

menzado a imponerse más libremente, suplantando a la educación cristiana, se ha visto pronto desaparecer la honradez y la integridad, tomar cuerpo las opiniones más monstruosas y aumentar desmedidamente la audacia en los crímenes. En tan feroz e insensato propósito parece reconocerse el mismo implacable odio y sed de venganza con que arde Satanás contra Jesucristo. Así también, el empeño vehemente de los masones por destruir los principales fundamentos de lo justo y lo honesto, y hacerse auxiliares de los que, a imitación de los animales, quisieran que fuese lícito cuanto les agrada, no es otra cosa que empujar al género humano, ignominiosa y vergonzosamente, hacia su ruina extrema.

El ambiente antimasónico de siempre en los grupúsculos que siempre dirigieron el libelo estaba ligado a las posturas papales casi vesánicas, insanas y delirantes y El Vaticano necesitaba justificar su cruzada antimasónica tras perder el poder temporal en 1870. Las acusaciones de Taxil ofrecían tres puntos que por la curia vaticana eran propicios:

Un Enemigo tangible: convertía la lucha ideológica contra la secularización en una guerra cósmica contra demonios «reales». *La Herramienta propagandística*: los libros de Taxil, financiados por la Iglesia, servían para movilizar a los fieles. León XIII recibió a Taxil en audiencia privada (1887) y patrocinó sus obras, otorgándoles legitimidad papal. Y el *Sesgo cognitivo*: cardenales de aquel tiempo como Rampolla desecharon voces críticas (como el obispo Northrop) porque las mentiras de Taxil confirmaban sus prejuicios. La fe en la conspiración satánica anuló el pensamiento crítico y el juicio imparcial que tendría que haber salido de la diplomacia vaticana.

Los descontrolados errores de la antimasonería clerical y civil

Las instituciones vaticanas, en el contexto de finales del siglo XIX, actuaron en gran medida desde la convicción y la coherencia doctrinal, más que desde la malicia o el engaño. La Iglesia católica, a través de encíclicas como *Humanum Genus* de León XIII, condenó a la masonería por considerarla incompatible con la fe cristiana y promotora de valores contrarios a la doctrina católica. Sin embargo, estas condenas partían de una interpretación teológica y de defensa institucional, no de una voluntad deliberada de difamar mediante invenciones. La reacción vaticana ante la masonería fue, en esencia, la de una institución que percibía una amenaza a su autoridad espiritual y social, actuando según su marco doctrinal y en un contexto de confrontación ideológica.

Los círculos sociales antimasónicos, especialmente los integristas y tradicionalistas, participaron activamente en la difusión de acusaciones contra la masonería, pero lo hicieron muchas veces desde la credulidad y el desconocimiento, más que desde la intención de fabricar calumnias.

El éxito de las campañas de Taxil y la aceptación de sus relatos por parte de estos sectores se explica por el ambiente de sospecha, la escasa información fiable y la tendencia a aceptar como ciertas las denuncias que confirmaban sus prejuicios. Para muchos, la masonería representaba un peligro real para el orden religioso y social, y las noticias sensacionalistas, aunque infundadas, se integraban sin cuestionamiento en su visión del mundo. La no comprobación y revisión rigurosa de las noticias y la falta de revisión crítica de las fuentes tuvieron efectos letales y perniciosos sobre la opinión pública y la convivencia social. La difusión de informaciones falsas, como las promovidas por Taxil, no solo desacreditó a la masonería, sino que también minó la confianza en la veracidad de los discursos públicos y en la capacidad de las instituciones para discernir la verdad. La desinformación, cuando se propaga sin filtros, puede erosionar los valores democráticos y generar un clima de hostilidad y persecución, con consecuencias graves para la cohesión social y la libertad de pensamiento.

El descrédito del Congreso Antimasónico de Trento de 1896

El Congreso Antimasónico de Trento de 1896 ejemplificó los peligros de la credulidad y la falta de contraste de las fuentes, al asumir como ciertas teorías y relatos no verificados que provenían, en parte, de las invenciones de Taxil. En ese foro se consolidaron y amplificaron acusaciones como la supuesta relación entre masonería y satanismo, el carácter subversivo de la institución y su influencia en movimientos sociales y políticos considerados peligrosos. Estas afirmaciones, aceptadas sin una revisión crítica, sirvieron de base para campañas de exclusión, persecución y estigmatización de individuos y colectivos, alimentando una espiral de intolerancia.

Contexto y organización del Congreso

El Congreso Antimasónico de Trento se celebró del 26 al 30 de septiembre de 1896 en la ciudad de Trento, entonces parte del Imperio austrohúngaro. Fue organizado por la Liga Internacional Antimasónica, fundada en Roma en 1893 y dirigida por el príncipe Carlos de Löwenstein, quien contó con el apoyo explícito del papa León XIII mediante un Breve pontificio dedicado al evento. La elección de Trento no fue casual: su histórico Concilio (1545-1563) la convertía en un símbolo de la lucha contra las herejías, reforzando el carácter ideológico del congreso.

Participación y perfil de los asistentes

El evento congregó a 36 obispos, 50 delegados episcopales y 700 representantes de organizaciones católicas, destacando las nutridas delegaciones de

Francia y Austria. Entre los asistentes figuró el pretendiente carlista al trono español, Carlos VII, acompañado de su esposa e hijos, así como el diputado español Juan Vázquez de Mella, quien presentó una moción para declarar «ilegal y traidora» a la masonería en España. Esta masiva presencia eclesiástica y política reflejaba la coordinación transnacional del antimasonismo finisecular.

Temáticas y desarrollo de las sesiones

El congreso estructuró sus debates en cuatro ejes: Doctrina masónica (análisis de rituales y símbolos), Acción masónica (influencia en política y sociedad), Oración (estrategias de combate espiritual) y Acción antimasónica (medidas prácticas contra la institución).

Durante las sesiones, el periodista italiano Pedro Pacelli impulsó una resolución de apoyo a las iniciativas antimasónicas españolas, mientras que el comendador Vincenzo Longo presentó un detallado estudio documental basado en 150 obras masónicas, cuyas conclusiones no fueron refutadas por la masonería.

El escándalo Taxil y sus repercusiones

Léo Taxil, creador de la farsa satánica masónica, aprovechó el evento para presentar una «fotografía» de su personaje ficticio Diana Vaughan, consolidando su engaño ante la mayoría de los delegados. Sin embargo, la delegación alemana —ya escéptica ante sus afirmaciones— mostró abierta desconfianza. Este episodio evidenció la división entre quienes creían en las acusaciones de satanismo y quienes las cuestionaban, pese a lo cual el congreso recomendó difundir panfletos antimasónicos basados en tales narrativas.

Conclusiones y aberrante legado histórico

Las conclusiones, redactadas por Vincenzo Longo, afirmaron que la masonería constituía una «sociedad secreta subversiva» y urgieron a los Estados a ilegalizarla. Los Actos del congreso se publicaron en Tournai (1897), amplificando su impacto. Paradójicamente, el evento quedó marcado por la posterior confesión de Taxil (abril de 1897), que reveló su fraude y expuso cómo el congreso había avalado invenciones sin verificación crítica. Este episodio ilustra los riesgos de la desinformación en contextos de confrontación ideológica.

La confesión final y el bochorno de la antimasonería

El 19 de abril de 1897, Taxil convocó una conferencia en la Sociedad Geográfica de París, prometiendo presentar a Diana Vaughan, figura central de sus denuncias antimasónicas. El evento atrajo a una multitud diversa: periodistas de medios como *Le Frondeur*, clérigos católicos como el abate Garnier, y público general, llenando el salón hasta su aforo máximo. La expectativa era palpable, pues Taxil había alimentado durante doce años la creencia en una conspiración satánica masónica.

Taxil inició su intervención con un *Agradecimiento irónico a la Iglesia Católica* por haber difundido sus «revelaciones». Reconoció la colaboración de cardenales y obispos, quienes sin verificación habían avalado sus escritos, destacando cómo su narrativa había sido amplificada desde púlpitos y prensa religiosa. Acto seguido, declaró que Diana Vaughan jamás existió: era un personaje ficticio creado por él mismo, al igual que toda la trama del «Palladismo», la orden satánica que atribuyó falsamente a la masonería durante años.

Detalló con pelos y señales con tono altamente jocoso y burlesco su método de la Ingeniería del Fraude: inventó rituales con elementos reales de simbología masónica mezclados con invenciones grotescas (como el culto a Baphomet), y redactó falsos testimonios bajo pseudónimos como «Dr. Bataille».

Sus libros, como *Los misterios de la francmasonería*, se basaban en plagios de textos anticlericales y antimasónicos previos, reelaborados para maximizar el escándalo. Confesó que su motivación principal fue económica y vindicativa: vengarse de la masonería por su expulsión en 1882, y de la Iglesia por su condena al librepensamiento. Aprovechó la encíclica *Humanum Genus* (1884) de León XIII, que asociaba la masonería con Satanás, para crear una farsa rentable que explotaba la credulidad católica.

La reacción inmediata fue de estupor y furia. Asistentes como el periodista Pedro Pacelli o el abate Garnier intentaron refutarlo, mientras sectores del público gritaban «¡traidor!» y exigían su arresto. La policía intervino para evitar agresiones físicas, protegiendo la salida de Taxil por una puerta trasera.

En su discurso, Taxil ridiculizó la credulidad institucional: recordó cómo el Papa León XIII financió sus panfletos y hasta lo recibió en audiencia privada (1887), mientras obispos citaban sus mentiras como pruebas documentales. Subrayó que la Iglesia prefirió sostener el engaño antes que admitir su desconocimiento real sobre la masonería.

Reveló que su estrategia editorial combinaba sensacionalismo y seudopornografía: incluía relatos de infanticidios rituales y orgías para garantizar ventas masivas. Así, libros como *El diablo en el siglo XIX* se convirtieron en bestsellers, con ediciones patrocinadas por el Vaticano.

Tras la confesión, el *escándalo mediático* fue inmediato: *Le Frondeur* publicó íntegro su discurso el 25 de abril bajo el título: *Doce años bajo el pabellón de la Iglesia*, detallando la «broma» del Palladismo. La prensa católica, humillada, minimizó el hecho, mientras la masonería denunció décadas de difamación. El evento dejó un *Legado de Desinformación*: pese a la confesión, mitos como el satanismo masónico persistieron en círculos integristas. Textos como *El culto a Baphomet* de Chick Publications (siglo XX) aún citan las invenciones de Taxil, demostrando la resiliencia de las *fake news* en contextos ideologizados.

Taxil cerró su intervención con una *reflexión cínicamente moralizante:* «El público me hizo lo que soy: el gran mentiroso de esta época».

Murió en 1907 sin arrepentirse, dejando una lección histórica sobre los peligros de la descontextualización y la urgencia de verificar fuentes ante acusaciones extraordinarias. Su confesión final en 1897 reveló no solo el engaño, sino la peligrosa facilidad con la que Taxil explotó la necesidad de la Iglesia de creer en un enemigo tangible prefiriendo el fanatismo al escepticismo para perpetuar sus fines antimasónicos. ⬧

Una serie de guías claras y rigurosas para comprender la simbología, el ritual y la enseñanza de los tres grados fundamentales de la masonería.

Pedro Hernández con sobrenombre «Guanir» es catedrático jubilado de Psicología en la Universidad de La Laguna, habiendo sido director del Instituto de Ciencias de la Educación de esta misma universidad durante diez años. Presidente electo del Consejo Escolar de Canarias durante tres legislaturas, profesor de primaria, doctor en Pedagogía, licenciado en Psicología y diplomado en Psicología Clínica y en Pedagogía Terapéutica. Psicoterapeuta durante varios años en el País Vasco; investigador y autor de varias obras publicadas en Madrid, Cataluña, País Vasco, Canarias, México, Portugal... Entre las que destacan *Los moldes de la mente* (2002), *Reprográmate* (2018), en Paidós del Grupo Planeta y *Ciencia y arte de la superación. Energías alternativas de la mente,* en Trillas, México (2020). Así mismo, es autor de conocidos tests psicológicos publicados por TEA, como *Tamai, Moldes* y *Tamadul.* También, de varios programas educativos de crecimiento personal y de desarrollo de valores, como *Piele, Piecap, Idafe.* En la vertiente de enseñar a pensar y a enseñar a vivir, ha publicado distintos libros, como: *Psicología y enseñanza del estudio* (Pirámide, 1991); *Enseñar a pensar: Un reto para los profesores* (Tafor Publicaciones, 1997); *Psicología de la educación, Corrientes actuales y teorías aplicadas* (México, Trillas, 1991); *Diseñar y enseñar* (Narcea, 1989,1995, 2001), *Educación del pensamiento y de las emociones* (Tafor, Narcea, 2005). Igualmente ha publicado varios artículos científicos sobre *educación socioafectiva, moldes mentales y valores* relacionados con el *rendimiento académico, deporte, inteligencia emocional, optimismo, bienestar subjetivo, adaptación,* etc. Su enfoque sobre los moldes mentales y la transformación personal ha tenido una especial traducción en su novela *El código oculto de la mirada,* donde utilizó por primera vez el seudónimo Guanir, que, posteriormente, tomó como sobrenombre. En una tercera vertiente divulgadora de su tierra, fue director de la enciclopedia *Natura y cultura de las Islas Canarias,* de la *Enciclopedia virtual de las Islas Canarias (GEVIC),* de los libros *Conocer Canarias* y *Descubrir y disfrutar de La Laguna.*

EL COMPONENTE FANTASIAL DE LOS BULOS

ESCUDO, BAYONETA Y ALTAR

Una lectura simbólica de la desinformación en la era de la posverdad

Pedro Hernández Guanir

1. Introducción: entre el morbo informativo y la herida personal

En un debate televisivo se discute cómo los bulos y las fake news funcionan como armas de la oposición, siempre en conflicto con el gobierno. Sin embargo, un periodista con fama de ser radical y contundente señala que no solo los políticos originan bulos; en ocasiones, los propios medios los impulsan por puro «morbo informativo».

Otro asistente señala que muchas veces hay tal complicidad en el uso de la verdad, que se juntan simultáneamente la acción de los políticos con la de los medios. Un caso ilustrativo fueron los bulos sobre la DANA valenciana que provocó más de 200 muertos, propagados por redes sociales durante la catástrofe. Rumores sobre evacuaciones en áreas como Paiporta y vídeos descontextualizados circularon a mayor velocidad que las alertas oficiales, generando confusión y alarma entre la ciudadanía en momentos de mayor necesidad informativa veraz.

¿Cómo se explica esto? En la era de la posverdad —en la que predominan más las emociones, creencias personales e intereses que los hechos objetivos— la desinformación no se limita a los sectores más crédulos o radicales de la sociedad. También puede infiltrarse en ideologías que se consideran racionales, éticas o científicamente fundamentadas. Esta paradoja plantea una cuestión inquietante: ¿cómo es posible que movimientos bien intencionados, e incluso intelectualmente sofisticados, incorporen y difundan falsedades?

Por otra parte, hay que considerar que también bulos en la vida cotidiana de una comunidad, sin tanta trascendencia colectiva, pero con mucho daño personal, como los comentarios y rumores maliciosos sobre Merche, que, tras quedar viuda e incrementar su fe y entrega al servicio de la parroquia, se rumoreó que estaba enamorada del párroco, lo que le provocó un temor generalizado con baja médica.

2. Bulos como productos *fantasiales*

Los bulos y las *fake news* son informaciones distorsionadas, creadas y divulgadas como consecuencia de inclinaciones e intereses individuales o grupales. Su eficacia no reside en su veracidad, sino en su capacidad de activar *imagnemas (*representaciones simbólicas*) o ficcionemas (*relatos*)*, productos *fantasiales*, generados por la capacidad *imaginal* y *ficcional*, con los que se trata de exaltar o idealizar lo que se desea proteger, o denigrar lo que es percibido como hostil, amenaza o disonancia cognitiva.

3. Conceptos que merecen neologizarse

Conviene explicitar claramente los planos en que nos movemos. Así como los peces se mueven en el agua y pueden saltar a la superficie o atmósfera, también los humanos nos movemos en diferentes planos.

La mente de cada persona es un mundo (*Psicoesfera),* capaz de contemplarse y sentirse a sí mismo, a la vez que contempla y se relaciona con el mundo exterior (*Ecosfera).* Por lo tanto, la *Ecosfera* es la realidad tangible, propia del *universo externo*, y la P*sicoesfera* es la realidad mental, propia de nuestro *universo interno*.

Este abarca *multiversos* con contenidos diferentes, como el *Logoverso*, caracterizado por manejar datos y razonamientos, el *Orexisverso*, por centrarse en deseos e impulsos y, el que ahora nos atañe, el *Imagoverso*, universo de *ficción*, que trata lo imaginado o fantaseado, a causa de que se aviva la *Imagogenia* o FICCIOGENIA, capacidad innata de generar imágenes o relatos de ficción, a través del proceso de *Imagogénesis* o FICCIOGÉNESIS.

En nuestro particular enfoque, distinguimos *la Inteligencia imagénica*, como la función de suscitar, organizar y potenciar imágenes favorables al bienestar y a la eficacia, de la *Torpeza imagénica*, por la que se generan imágenes y moldes mentales, inductores de error, miedo, ira o conflicto, con especial incidencia en la perspectiva personal.

Desde la perspectiva social, el bulo es un *imagnema* o *ficcionema* colectivo, una representación simbólica construida que moviliza afectos, creencias y conductas en una y otra dirección: exaltar o idealizar lo que se desea proteger, o denigrar lo que se percibe como amenaza o disonancia.

3. Tipología simbólica: escudo, bayoneta y altar

La función defensiva del bulo se manifiesta con especial claridad en la noción de refugio y sus variantes. Aunque «escudo» y «bayoneta» no son simétricos en sentido estricto, permiten visualizar con fuerza las dos dimensiones fundamentales del bulo: protección y ataque. El «altar», por su parte, representa la consagración simbólica.

- **Escudo.** El bulo, como escudo, ofrece protección emocional ante la incertidumbre, el miedo o la complejidad. Simplifica el mundo, identifica culpables y reafirma identidades. Actúa como mecanismo de defensa simbólica, permitiendo sostenerse en una narrativa que da sentido, aunque sea falsa: «Los bancos nunca quiebran, porque están protegidos por el gobierno», permitiendo a muchas personas mantener la confianza frente a la incertidumbre y complejidad del entorno financiero.

- **Bayoneta**. El bulo como arma se convierte en instrumento de ataque. Se lanza para dañar, desacreditar o polarizar. Su función ficcional es activar emociones intensas —desprecio, indignación, odio— que lleva a la acción. Es el disparo simbólico que antecede a un conflicto real aun siendo falso: «Se da entender en las redes que el candidato rival maltrata a su mujer».

- **Altar**. El bulo como altar se transforma en objeto de culto. Incluso, se sostiene, incluso frente a evidencias contrarias: «Un reconocido dictador ha sido un modelo de honestidad y de servicio al pueblo», cumpliendo una función de exaltación identitaria para sus seguidores o para los partidarios de un enfoque similar.

- De esta forma, el bulo, a través de un *ficcionema* se convierte en mito, dogma o símbolo de pertenencia, no importando la verdad, sino que sirva de representación, cohesión o movilización.

4. Fases del ciclo ficcional del bulo

- **Incubación**. Surge en contextos de incertidumbre, frustración o deseo, como un apagón general o el COVID… Las emociones personales y ambientales facilitan su gestación como estrategia para compensar déficits, justificar fracasos o mitificar creencias.

- **Generación/Expresión**. El bulo se formula como respuesta a necesidades psíquicas o grupales. Se construye a partir de *imagnemas* que operan sobre esquemas mentales preexistentes: «La Oposición aprovecha un incidente como un apagón, incendios forestales o una epidemia para responsabilizar a un gobierno».

- **Divulgación.** Se propaga por canales simples (rumores) o sofisticados (medios, redes, bots), buscando resonancia emocional más que validación racional.

- **Mantenimiento/Deshielo.** Se sostiene mediante sesgos cognitivos (confirmación, idealización), o se disuelve cuando pierde eficacia simbólica.

5. Facilitadores sociales y personales del bulo

La propagación de bulos no depende únicamente de su contenido, sino de un conjunto de condiciones facilitadoras que operan en lo personal y lo social. Entre ellas destacan:

- **La necesidad de pertenencia**: un recién ingresado en un grupo político comparte en redes un bulo sobre su partido adversario para reforzar su vínculo con los demás militantes.

- **La necesidad de simplificación informativa**: ante la sobrecarga de información en una crisis sanitaria, muchos optan por creer el mensaje más simple y emocional: «el ajo cura el virus».

- **La necesidad de calmar la ansiedad**: tras un atentado, una madre angustiada difunde un mensaje falso sobre nuevos ataques inminentes para proyectar control sobre lo que teme.

- **La necesidad de seguridad, siguiendo a la autoridad**: Los seguidores de un líder religioso difunden sin cuestionarlo el bulo de que una vacuna contiene «elementos demoníacos»

- **La necesidad de reafirmación y de cohesión colectiva atacando a las instituciones.** Un ejemplo claro de cómo la necesidad de reafirmación y cohesión colectiva, así como la suspicacia y el descontento social, se refuerzan mediante bulos que erosionan la legitimidad institucional: «Circula por redes sociales el rumor falso de que los políticos se suben el sueldo, mientras la población sufre recortes y desempleo». Esto alimenta la indignación y refuerza el resentimiento hacia las instituciones. De forma que cualquier medida adoptada por el gobierno se interpreta como sospechosa o ilegítima.

- **La necesidad de cohesión colectiva atacando a los «otros».** «Los inmigrantes son los causantes de la mayoría de los delitos». Un ejemplo claro de cómo un bulo al atacar a determinados colectivos favorece la cohesión colectiva. Ocurrió también durante la peste negra en el siglo XIV, con el rumor de que «la propagación de la epidemia se debía a que los judíos envenenaban los pozos». Aunque no sea cierto, reforzó la cohesión interna y la desconfianza hacia el 'otro' percibido como ajeno.

- **La necesidad de morbo lúdico o narcisismo informativo.** Un grupo de jóvenes publica un vídeo falso sobre apariciones fantasmales en un hospital abandonado. Les entretiene y los convierte en protagonistas virales.
- **La necesidad de idealizar y mitificar**: Siendo joven, presencié algaradas estudiantiles sin intervenir. Al volver a mi pueblo, me elogiaban como líder y héroe. ¿Por qué ocurre esto? Hoy lo destripamos con este trabajo.

6. La raíz mágico-simbólica de la imagogenia

Para comprender la propensión al bulo habría que tener en cuenta la fase mágico-simbólica del desarrollo infantil (entre los 2 y 6 años), donde el pensamiento opera bajo la lógica del «como si». En esta etapa, el niño convierte un zapato en teléfono o una nube en vaca solitaria. Este tipo de pensamiento —animista, artificialista, proyectivo— no desaparece en la adultez, porque persiste la *imagogenia* o *ficciogenia*, haciendo que el mundo virtual o fantasial se viva como real.

Esta capacidad, lejos de ser una debilidad cognitiva, constituye una herramienta evolutiva que permite anticipar escenarios, procesar emociones complejas y generar vínculos simbólicos con lo deseado, temido o idealizado. Es la misma facultad que da vida al arte, al mito, a la publicidad… y también al bulo.

Sin perder de vista que hay gran diferencia entre las imágenes de soporte aclaratorio en las funciones de razonar, hablar o hacer y las imágenes relacionadas con el mundo emocional y de ficción. Estas últimas son las relevantes en el bulo, creatividad o gobierno personal.

7. Mecanismos cognitivos que facilitan la aceptación

Diversos sesgos cognitivos explican por qué las personas aceptan información falsa, incluso con formación académica:

- *Sesgo de confirmación*: se acepta lo que refuerza creencias previas.
- *Efecto de verdad ilusoria*: la repetición aumenta la credibilidad.
- *Heurística de disponibilidad*: lo emocionalmente vívido parece más cierto.

Bronstein et al. (2019) y Martel, Pennycook y Rand (2020) demostraron que el contenido emocionalmente resonante tiene más probabilidades de ser creído y compartido, incluso entre personas con pensamiento analítico. Estos sesgos no son fallos del pensamiento, sino atajos emocionales que, en contextos de incertidumbre, amplifican la credibilidad de lo falso.

8. Encaje del bulo en los esquemas mentales

Los bulos se adaptan fácilmente a nuestros esquemas mentales —estructuras cognitivas que simplifican la realidad— por su carga emocional, su simplificación extrema y su capacidad de confirmar creencias previas.

BULO: CARACTERÍSTICAS	ENCAJE EN EL ESQUEMA MENTAL
Simplificación extrema	Reduce la complejidad a una narrativa clara y emocional. Incluso, se toma una parte, que puede ser cierta, para aplicarlo a todo lo demás que es falso.
Prototipos sociales	Se apoya en estereotipos fácilmente reconocibles.
Carga emocional	Activa emociones: miedo, indignación o deseo.
Confirmación de creencias	Refuerza lo que ya se cree, evitando el escrutinio racional.

9. Idealización, intuición y convicción sincera

La idealización de líderes, ideas o movimientos puede suspender el juicio crítico. La intuición —cuando se confunde con verdad emocional— facilita la aceptación de afirmaciones que «suenan bien», aunque carezcan de evidencia. La convicción sincera, en este contexto, no es garantía de verdad, sino de eficacia simbólica. La sinceridad no garantiza la verdad, pero sí la fuerza del relato.

10. Falsedades de buena fe: una paradoja ideológica

La desinformación puede ser promovida sinceramente por quienes creen estar defendiendo una causa justa. Esta paradoja revela que la racionalidad no inmuniza contra el bulo, especialmente cuando este se alinea con valores, emociones o identidades profundas.

11. Implicación educativa y terapéutica

El *molde mental*, tema central de nuestra investigación, puede definirse como un patrón cognitivo-emocional que recoge las estrategias habituales del pensamiento de anticipar, conectar, reaccionar o explicar la realidad. (por ejemplo, anticipo y exagero peligros, me focalizo en los fallos, me desconecto de los problemas que me atañen, superviso lo que hago, echo la culpa de lo que me pasa a otros o transformo mis fracasos en oportunidades, y así 30 moldes, agrupados en 10 categorías, sintetizados en tres direcciones: vitalizar mi vida, ajustar mis pensamientos con realismo y optimizar mis posibilidades, incluidas las frustraciones.

Estos moldes configuran la forma en que se interpretan los hechos, se procesan las emociones y se toman decisiones. Por lo tanto, los moldes mentales nocivos y predominantes facilitan la creación y aceptación de los bulos como medio de coherencia existencial, dificultando el reconocimiento de su falsedad.

En este marco, la TBT *(Técnica de Bombeo Terapéutico; o* TBTEE *(Técnica de Bombeo para Transformar la Energía Emocional),* otro aspecto esencial de nuestra investigación, se presenta como una herramienta eficaz para extinguir creencias distorsionadas, emociones incómodas y comportamientos inadecuados. Desde el punto de vista educativo y de cambio de creencias colectivas, permite intervenir directamente sobre los moldes mentales, desmontando los **Ficcionemas** que sostienen narrativas falsas y facilitando procesos de reestructuración cognitiva y emocional.

Como ejemplo de intervención comunitaria, podemos citar el caso de los korowai, una tribu del sureste de Nueva Guinea Occidental. Alegres y pacíficos, hasta hace poco practicaban el canibalismo. Creían que, si un joven moría, el causante era el espíritu maligno de una tribu enemiga, y que la reparación consistía en devorar el cuerpo de un enemigo. El cambio se logró, desmontando esa convicción profundamente arraigada, transformando los moldes mentales colectivos y generando nuevas formas de vínculo y ritual. Esto muestra que los bulos —como ficciones vividas— pueden ser desmontados no solo con datos, sino con experiencias transformadoras que reconfiguren el sentido.

Desde una perspectiva educativa, esto implica que la lucha contra la desinformación no puede limitarse a la verificación factual. Es necesario fomentar una educación emocional, simbólica y crítica que permita reconocer el funcionamiento de los eidonemas, los esquemas mentales y la inteligencia ficcional. Solo así podremos formar ciudadanos capaces de distinguir entre lo que es real, lo que parece real y lo que se vive como si lo fuera.

12. ¿Cómo los bulos enaltecen o denigran?

Los bulos no solo desinforman: moldean percepciones, refuerzan prejuicios y pueden elevar o hundir reputaciones. Para entender su impacto, hay que analizar su arquitectura emocional, narrativa y social.

1. 1. Emoción y narrativa

Los bulos apelan a emociones intensas:

- *Para denigrar:* miedo, ira, desprecio.
- *Para enaltecer:* admiración, orgullo, empatía.

- Ejemplo: exagerar logros genera admiración; distorsionar errores provoca rechazo.

2. 2. Estrategias de construcción

Se basan en:

- Descontextualización de hechos reales.
- Falsificación de datos o imágenes.
- Descalificación con etiquetas peyorativas.
- Repetición para generar credibilidad.
- Apariencia de legitimidad con fuentes falsas o estilo confiable.

3. 3. Objetivos clave

- Líderes: son el blanco principal para destruir o ensalzar.
- *Valores sensibles*: sexo, religión, corrupción, etc., según el contexto cultural.
- *Identidades colectivas*: se atacan las contradicciones internas de grupos como Iglesia, ecologismo, nacionalismo, fascismo, derecha e izquierda. Cada grupo tiene puntos vulnerables que los bulos explotan para generar escándalo o simpatía.

4. 4. Consecuencias sociales

Los bulos influyen en decisiones políticas, como el voto, mediante el miedo o la esperanza. En España, se usaron para asociar a la derecha con el autoritarismo y a la izquierda con el comunismo y el caos.

13. Conclusiones

Los bulos no son simples mentiras: son construcciones simbólicas que operan en el plano emocional, cognitivo y social. Comprender su función ficcional —como escudo, bayoneta y altar— permite una lectura más profunda de la desinformación contemporánea. Esto permite entender qué necesidad psíquica o colectiva las sostiene, y cómo se integran en los moldes mentales que configuran nuestra percepción del mundo.

La capacidad ficcional, lejos de ser una debilidad, es un potencial. Nos permite crear arte, imaginar futuros, construir mitos y también, sostener bulos, pero también lo contrario, siendo entonces inteligencia que hace uso consciente para que lo imaginado no nos esclavice, sino que nos emancipe.

14. Glosario de términos clave

TÉRMINO	DEFINICIÓN
Planos de la realidad	Además de la realidad *tangible*, propia del *universo externo* o *Ecosfera*, está el *universo interno o psicoesfera* que abarca contenidos como datos y razonamientos (logoverso), deseos o impulsos (orexisverso) y especialmente lo imaginado o fantaseado (imagoverso). Si bien hay que diferenciar las imágenes de apoyo funcional al razonamiento, al lenguaje o a la acción, de las imágenes fantasiales o de ficción con más valor en sí y en las emociones que producen, como en el arte o en la vida emocional.
Imagogenia y Ficciogenia	La *Imagogenia* es la capacidad innata de generar imágenes, cuyo proceso generador es la Imagogénesis.
Imagogénesis y Ficciogénesis	La FICCIOGENIA es la capacidad innata de generar relatos de ficción, a través del proceso de FICCIOGÉNESIS. Capacidad imaginativa o ficcional (previamente la denominábamos *Virtual*) edita versiones que, aun no siendo reales, se perciben como si lo fueran.
Inteligencia y Torpeza imagénicas	Cuando la capacidad imaginativa o ficcional, a nivel personal, procura suscitar, organizar y potenciar imágenes favorables al bienestar y a la eficacia, hablamos de Inteligencia imagénica, a diferencia de la Torpeza imagénica que genera imágenes y moldes mentales, inductores de error, miedo, ira o conflicto que son entorpecedores.
Imagnema y Ficcionema social	El Imagnema es la imagen o producto generado por la capacidad *imaginal*, con carga emocional y simbólica Constituye el material básico de las ficciones o ficcionema social, como relato de bulos, mitos o narrativas manipuladoras
Molde mental	Patrón cognitivo-emocional que recoge estrategias de cómo el pensamiento anticipa, conecta, explica o reacciona habitualmente ante la realidad, siendo determinante en las creencias, emociones y conducta.
Esquema mental	Estructura cognitiva con la que se organiza, simplifica y representa lo más típico de un aspecto de la realidad, de forma que los bulos son más aceptados cuando encajan en tales esquemas.
Sesgo de confirmación	Tendencia a aceptar información que refuerza nuestras creencias, ignorando la que las contradice.

Efecto de verdad ilusoria	Fenómeno por el cual la repetición de una afirmación, aun siendo falsa, aumenta su credibilidad.
Heurística de disponibilidad	Mecanismo por el cual lo más fácil de recordar —por ser emocional o repetido— se percibe como más verdadero.
Función ficcional	Utilizar un imagnema o ficcionema como escudo, bayoneta o altar.
Escudo simbólico	Uso del bulo como protección emocional ante la incertidumbre o el miedo.
Bayoneta simbólica	Uso del bulo como instrumento de ataque, manipulación o polarización.
Altar simbólico	Uso del bulo como objeto de culto, exaltación o identidad grupal, sostenido incluso frente a evidencias contrarias. ⚒

15. Referencias bibliográficas

1. Hernández-Guanir, P. (2002). *Los Moldes de la Mente. Más allá de la Inteligencia Emocional* (2ª ed.). La Laguna, Tenerife: Tafor Publicaciones.
2. Hernández-Guanir, P. (2006). *Educación del Pensamiento y las Emociones* (2ª ed.). La Laguna–Madrid: Tafor–Narcea.
3. Hernández-Guanir, P. (2018). *Reprográmate. Cómo cambiar tus moldes mentales, lograr el control de tus emociones y mejorar tu vida.* Barcelona, Buenos Aires, México: Paidós, Grupo Planeta.
4. Hernández-Guanir, P. (2021). *Ciencia y Arte de la Superación.* México: Trillas.
5. Hernández-Guanir, P. (2024). *Matrioska. Yo profundo y amor eterno.* Tenerife: Psicomold Proyecto.
6. Bronstein, M. V., Pennycook, G., Bear, A., Rand, D. G., & Cannon, T. D. (2019). Belief in fake news is associated with dogmatism, low cognitive reflection, and high faith in intuition. *Journal of Applied Research in Memory and Cognition,* 8(1), 108–117.
7. Martel, C., Pennycook, G., & Rand, D. G. (2020). Reliance on emotion promotes belief in fake news. *Cognitive Research: Principles and Implications,* 5(1), 1–20.

Pedro Hernández-Guanir

REPROGRÁMATE

Cómo cambiar tus moldes mentales,
lograr el control de tus emociones
y mejorar tu vida

PAIDÓS

Una invitación al autoconocimiento
profundo y a la transformación personal mediante el poder de la mente y la
reprogramación emocional

Manuel Calvo Cardín (Madrid, 1961), es licenciado en Ciencias Económicas por la U. Autónoma de Madrid, Máster en Historia Contemporánea por la UNED y miembro del Centro de Estudios Históricos de la Masonería Española (CEHME). Trabaja desde 1988 en finanzas y control de gestión en empresas industriales multinacionales del sector ferroviario. A lo largo de este tiempo, ha tenido la fortuna de conocer diferentes países, culturas, ideales y puntos de vista, sin perder nunca su condición de trabajador en activo, lo que le ha permitido mantener la mente abierta al conocimiento, las personas y las aficiones. Entre estas últimas destaca la Historia, cultivada desde siempre en el papel de lector y ahora, tras varios años de estudio, en el de aprendiz de investigador (https://orcid.org/0000-0001-5701-6079). Ha publicado varios artículos académicos en la revista REHMLAC+.

ANTIMASONERÍA Y POLÍTICA EN EL FRANQUISMO

Manuel Calvo Cardín

El franquismo, una anomalía histórica

La dictadura personal del general Francisco Franco Bahamonde (1892-1975) se estableció en los convulsos días de finales de septiembre de 1936, cuando, tras fracasar el golpe de estado del 18 de julio contra el gobierno legal de la República Española surgido de las elecciones de febrero del mismo año, al que el futuro Caudillo se había sumado en el último momento y degenerar en una atroz guerra civil, fue necesario reorganizar el bando sublevado, aglutinar partidarios, redefinir los difusos objetivos de los conspiradores y buscar un líder para la situación de guerra. Surgió, por tanto como subproducto no previsto de un golpe militar.

Durante treinta y nueve años, exactamente hasta el día del fallecimiento del Caudillo el 20 de noviembre de 1975, navegó en los convulsos mares de la política del momento, casi siempre a contracorriente y con la implantación, estabilidad y supervivencia del régimen como único objetivo. Mudó de piel, o eso aparentó, varias veces, siempre al calor de circunstancias externas que poco margen de maniobra permitían: guerra mundial, guerra fría, desastre económico autárquico, desarrollismo intervencionista y hasta un concilio marcaron el paso. Personas, intereses nacionales, religión y hasta las pocas ideologías políticas permitidas estuvieron siempre supeditados a la pervivencia del entramado jurídico y social del Régimen, poco clasificable y nada homologable a sus coetáneos.

Y desapareció también de forma poco común. No fue derribado por un golpe civil o militar como ocurrió, por ejemplo, en el vecino Portugal el 25 de abril de 1974, ni presionado por agentes externos (grandes potencias u organizaciones internacionales) que imponen con mano dura un giro de timón recio y definitivo. Una transición política relativamente serena, pero no pacífica del todo ni carente de defectos, dejo la dictadura atrás, clasificada como «Régimen anterior» sin condena explícita ni responsabilidad alguna y perviviendo hasta hoy algunos de sus partidarios (solo los de última hora están todavía entre nosotros) y parte de sus ideas fuerza en sectores sociales significativos. Es decir, se diluyó como la sal en un guiso. Ya no la vemos, pero ha trasferido su esencia y el plato final está impregnado de su sabor, aunque sea leve.

Mucho se puede hablar sobre el carácter del franquismo como sistema semifascista, coalición reaccionaria, autoritarismo represivo o cualquier otra definición, pero en ningún caso se puede negar la evidencia de su carácter antimasónico. Ahora bien: ¿qué tipo de antimasonería? Y ante todo: ¿con qué objetivo?

Las líneas que siguen resumen ideas esenciales contenidas en un libro de reciente publicación,[1] texto académico del que soy autor y al que me remito para profundizar en lo aquí expuesto. Solo se pretende ahora esbozar conceptos, dar bases para reflexionar y ayudar a comprender. Al final del texto, se incluyen algunas obras recientes y una clásica, que conviene consultar.

Franco antimasón

El futuro dictador odiaba y temía a la masonería desde mucho antes de llegar al poder y existen innumerables indicios de ello, pero no es tan evidente el motivo. Citaremos algunos que con seguridad influyeron:

1. Su rechazo a la figura paterna. Nicolás Franco Salgado-Araújo (1855-1942) intendente de la Armada, hombre de ideología, carácter y comportamiento liberal, con amigos masones aunque él mismo nunca lo fuera y sobre todo, muy alejado del modelo católico de padre al uso en su natal Galicia y en gran parte de España. Su abandono de la familia marcó a todos, pero especialmente al segundo hijo varón, Francisco, que acabó siendo opuesto a todo lo que su padre era. Este modelo fue heredado, parcialmente, por el primogénito, Nicolás Franco Bahamonde (1891-1977) aunque matizado.

2. El apego a la figura materna. María del Pilar Bahamonde y Pardo de Andrade (1865-1934), católica muy conservadora y perjudicada grandemente por el comportamiento de su esposo a los ojos de la tradicional, acomodada y provinciana sociedad ferrolana a la que pertenecía. Inculcó en su hijo Francisco sus valores principales que, por cierto, no eran muy distintos de los de su futura nuera María del Carmen Polo y Martínez-Valdés (1900-1988), de extracción social parecida aunque de superior rango que los Franco. Madre y esposa, como es natural, influyeron en el dictador, en este caso en su catolicismo conservador e intransigente y la visión reaccionaria de la vida.

---

[1] CALVO CARDÍN MANUEL, *Masonería. Historia de una represión*, MASONICA, 2024.

3. El hermano díscolo. Ramón Franco Bahamonde (1896-1938) fue un héroe popular de alcance internacional, glorioso pionero de la aviación, popular, republicano, vividor, irreligioso y juerguista, en suma una buena parte de las características que su hermano Francisco no podía soportar. Fue masón y luego antimasón.

4. El sentimiento religioso. Francisco Franco nunca fue un practicante asiduo de los ritos religiosos, en su entorno, eso era cosa de mujeres principalmente. Pero compartía los valores propagados por la reaccionaria Iglesia de su época entre los que figuraba un feroz antimasonismo heredado de los siglos XVIII, XIX y plenamente vigente en el primer tercio del XX

También mencionaremos algunos elementos que se han citado con insistencia y que, en opinión de quien esto escribe, de ninguna manera son aplicables.

5. Ideología: Nunca se distinguió quien gobernaría un país cuatro décadas por tener una ideología clara y fuertemente asentada. Si un rasgo político es destacado por todos sus biógrafos es precisamente la ausencia de rasgos claros. Solo era un conservador, más bien reaccionario, proclive a la contrarrevolución. Carecía de formación económica o política aunque él mismo pensara a veces que llegó a dominar tales campos. Era, en el fondo, alguien del pasado y no del tiempo que le tocó vivir.

6. Militar: Miguel Cabanellas Ferrer (1872-1938), el mismísimo jefe provisional del alzamiento tras la muerte de José Sanjurjo, era militar, republicano, liberal, africanista y masón. Lo mismo puede decirse de una gran cantidad de compañeros de armas. Y ejemplos parecidos los hay en el bando opuesto. Francisco Franco fue militar toda su vida, tal vez no era otra cosa, pero se han dedicado a la profesión de las armas personas de muchas tendencias políticas y religiosas. Es decir: la milicia, por sí misma, nada tiene que ver con la antimasonería.

7. Resentimiento: No tenemos prueba alguna de los supuestos intentos de Franco para ser iniciado en masonería. Además, dado su carácter, es poco verosímil. Y suponiendo que hubiese ocurrido, el rechazo para formar parte de cualquier institución no parece motivo suficiente para el odio cercano a la obsesión que padeció gran parte de su vida.

Se han publicado recientemente dos biografías del Caudillo que mencionan su antimasonismo, elaboradas por el Prof. Julián Casanova y el periodista Giles Tremlett, pero no le dan demasiada relevancia en sus acciones fundamentales. Dejaremos el tema planteado así: el antmasonismo de Franco es de origen personal, con tintes religiosos y muy influido por su visión reaccionaria del mundo.

Antimasonismo político

El siglo XIX desarrolló varias corrientes e ideologías políticas que en buena medida llegan hasta hoy, lógicamente evolucionadas y adaptadas al mundo actual. Socialismo, anarquismo, liberalismo, conservadurismo, republicanismo, laicismo, nacionalismo, radicalismo... todas nacieron y se desarrollaron en el entorno de las revoluciones liberales e industriales y son independientes de la Masonería o Masonerías, por mucho que la leyenda rosa creada en buena parte de las obediencias masónicas tienda a identificar a gran parte de ellas, especialmente si la ven positiva, como creación de las logias e inspiradas por sus miembros eminentes. Por otra parte, no chocaron especialmente con los francmasones y convivieron, con fuertes altibajos, dependiendo de la situación política de cada territorio. La masonería es, nada más y nada menos, que una de las corrientes de pensamiento que ha progresado en sociedades de tipo liberal y creciente secularización. Ha contribuido a las mismas, más por sus afiliados que por sus organizaciones, pero de ningún modo es su progenitora.

Las primeras décadas del siglo XX aportaron dos nuevas tendencias políticas nacidas del inmenso desastre que supuso la Primera Guerra Mundial. El Comunismo, escisión radical del movimiento socialista fraccionado por la guerra y la propaganda patriótica y el Fascismo, extremismo excluyente nacido de los nacionalismos más duros, dotado en apariencia de un sentido revolucionario proclive a las clases populares. Hoy sabemos las consecuencias de sus acciones, porque el historiador siempre escribe tras haber leído el periódico de mañana, pero en los años veinte y treinta del s. XX eran ideologías nuevas, modernas, que miraban al futuro de una forma alternativa y seducían a millones, hartos de la guerra y de la política vieja.

Cierto es que hay varias versiones comunistas, desde los idealistas próximos al anarquismo hasta el bárbaro y nefasto Stalin y sus secuaces pero solo en Rusia, reconvertida en URSS, llegó a implantarse en la práctica hasta finalizada la Segunda Guerra Mundial, por lo que el temor a las «hordas» de los años de entreguerras resulta bastante exagerado. También existen varios tipos de fascismos o semifascismos, desgajados del original mussoliniano de los años veinte hasta llegar a versiones racistas y exterminadoras como los nacionalsocialistas alemanes o el imperialismo nipón. Estos si se expandieron por Europa hasta dejar a las democracias liberales en minoría a mediados de los años treinta. La expansión fascista si era un hecho. Todos ellos, comunistas y fascistas, tienen algo en común: su antimasonismo.

Cuando el IV congreso de la Internacional comunista prohíbe en 1922 la militancia comunista a los afiliados a logias no solo está siguiendo las ideas de Trotski. Se convierte en la primera ideología moderna y que proscribe a los masones por motivos políticos y para ellos coherentes: los masones son parte de la sociedad burguesa y no favorecen la emancipación del proletariado. También se debatió el veto, con resultados diversos, en los partidos socialistas todavía proclives a la revolución (Francia e Italia), pero no en los reformistas que darían lugar a las actuales socialdemocracias (Alemania o Gran Bretaña).

Todos los partidos y movimientos próximos al fascismo que han llegado al poder en Italia, Alemania, Austria, Rumanía, Portugal, España, Eslovaquia, Hungría y también todas las dictaduras reaccionarias o de derechas de Europa e Iberoamérica han sido antimasónicos, en mayor o menor medida y con diferente grado de ensañamiento. Siempre afirman la existencia el enemigo externo, oculto, poderoso, antinacional, que atenta contra la Patria. Por supuesto, el tipo de Patria y la idea de Nación de la que se adueñan, monopolizan y excluyen a todos los demás. Razones estrictamente políticas.

Así queda delimitado el campo ideológico que admite a los francmasones al menos en el s. XX: desde conservadores hasta socialistas no revolucionarios, estados monárquicos o republicanos, laicos o tolerantes en religión, nacionalistas si es el caso pero que no llegan al enfrentamiento o exclusión de las minorías y con una cierta visión de colaboración con otras naciones, siquiera por interés o necesidad económica.

Un cóctel explosivo

Que el siglo XX es un despliegue de maldad insolente ya no hay quien lo niegue, dice el tango Cambalache del autor uruguayo Julio Sosa y no está mal tirado. Fue sin duda uno de los más violentos de toda la historia, al calor de ideas radicales, tecnologías nunca vistos, medios de comunicación de masas que movilizan naciones enteras y poblaciones que, por primera vez, se hacen protagonistas de sus destinos. Trajo avances fundamentales para la sociedad moderna como la aviación, la informática o los avances médicos, pero también los mayores desastres causados por el ser humano a sus semejantes y su entorno. Nada se puede explicar basándonos en un solo criterio, sea este económico, religioso, nacional o ideológico. Es forzoso recurrir a análisis multivariable con la enorme dificultad que conlleva asignar un peso específico a cada una de ellas. Este principio es aplicable a la antimasonería del siglo XX y concretamente a la practicada en España durante la última dictadura sufrida, la de Franco. Al iniciarse la guerra civil española de 1936-1936 ya estaban planteadas las cartas que se jugarían en una partida que costó la existencia física a cientos de miles de ciudadanos, pero también el exilio, la represión, la ruina y el enmudecimiento de muchos otros. Los gobiernos de la época, el republicano y los sublevados, son responsable de haber jugado la partida, pero no imprimieron la baraja.

Los actores del drama

El antimasonismo católico era evidente en 1936. Las condenas papales de Clemente XII, Pío IX, León XII o Benedicto XV estaban ahí desde hacía décadas o siglos, pero aunque en teoría son aplicables a todo el mundo católico, sus efectos difieren enormemente entre naciones. Un fiel de Dublín, Boston, París, Viena o Montevideo está igualmente obligado por la doctrina papal que otro de Salamanca, Madrid o Alicante, pero la represión ocurrida difiere enormemente. No se trata solo del Papa, también hay obispos como Leo Meurín o José Torras i Bages y presbíteros como Juan Tusquets que publican obras contra la masonería, algunas verdaderamente enloquecidas.

¿Es acaso responsabilidad de la Iglesia en general? Depende de la orientación dominante en cada lugar y en España era todavía en los años treinta fundamentalmente integrista y reaccionara, más papista que el Papa, en religión y en organización y control de la sociedad. Y eso nos aproxima a la Política.

La ideología tradicionalista fue común a buena parte de Europa en el s. XIX. La lucha entre monarquías absolutas y tendencias constitucionales de talante liberal se reflejó en el miguelismo portugués, el legitimismo francés y los reaccionarios de Austria y Prusia. En España se identificaba como carlista. Contra toda lógica, la tendencia pervivía en España al finalizar el primer tercio del XX cuando el constitucionalismo y una cierta secularización habían arraigado en los más diversos lugares, en diferentes grados. No es solo una posición religiosa. Carlistas son los principales protagonistas de la represión franquista sobre la masonería, encabezados por el oscuro y anacrónico Marcelino de Ulibarri Eguilaz y buena parte de los miembros del Tribunal especial para la represión de la Masonería y el Comunismo. Además de su carácter católico integrista, sustentan un ideario antiliberal, anti democrático y corporativista, que entiende reflejo de la sana sociedad tradicional, opuesta a todo modernismo. Ven en los masones agentes del diablo, si no manifestaciones del mismo Satanás, y de todo lo que huela a liberal, moderno y laico. Hay base religiosa claro y mucha, pero intuimos claramente el cariz político de sus propuestas.

Los propagandistas civiles como los escritores Francisco Ferrari Billoch, Mauricio Carlavilla, Eduardo Comín Colomer (estos dos últimos también policías) y algún académico como Isaías Sánchez Tejerina, (catedrático de derecho penal de Salamanca) van directos al grano. Contubernio antiespañol, agentes extranjeros o manipulación internacional, esos son los pecados de la Orden y van contra la esencia política que pregonan: el totalitarismo. Falange Española, el grupo cuasifascista creado por José Antonio Primo de Rivera en colaboración con otros líderes va en el mismo sentido.

El entramado represivo

El fervor represivo del primer franquismo fue brutal. En su afán por instaurar un sistema totalitario encabezado por una sola persona que acumulaba los cargos de Jefe del estado, del ejército y del gobierno y se valía de un «Movimiento» remedo de partido único, fusión de corrientes contrapuestas que así fueron domesticadas, depuró el país a lo largo de la guerra e intensificó la purga durante sus primeros años. Basándose principalmente en el delito de Rebelión militar previsto en el código castrense y en la no derogación del bando que declaraba el estado de guerra, fueron ejecutados miles de españoles o castigados a larguísimas penas de cárcel aplicando el auxilio a la rebelión o figuras jurídicas próximas y todo ello en el trascurso de la Segunda Guerra Mundial, por lo que tales excesos quedaron silenciados.

En lo referente a los masones españoles, articuló un sistema basado en:

1. Propaganda obsesiva

Hasta el mismísimo Jefe del estado se implicó en ella. No solo en discursos, también en un libro de artículos que había venido publicando en el diario Arriba (obligatoriamente reproducidos por muchos más) y hasta el guion de una película, Raza, que llegó a tener dos versiones bastante diferentes, según las circunstancias mandaban. Y junto a él, toda clase de periódicos, revistas, libros, radio, anuncios oficiales… La propaganda antimasónica era un eje fundamental del discurso que se trasmite a la población, pero va evolucionando con los años, es decir, con la situación política del Régimen.

2. Carácter retroactivo

Es un rasgo que repugna a todo jurista, pero se reprimió con efectos retroactivos a 1934 en términos generales. Para las masones fue más allá: la persecución afecta a todo el que ha sido iniciado en algún momento de su existencia. El archivo de Salamanca, fruto fundamentalmente de la rapiña de logias en los lugares dominados al principio del levantamiento, conserva documentación desde, al menos, el Sexenio Democrático. Es un lugar imprescindible para entender la antimasonería española y también para analizar los esquemas mentales de las personas que lo controlaron durante décadas, tradicionalistas en su mayoría. Dado que el archivo contine documentación hasta la guerra civil fue ampliamente explotado en las primeras décadas del franquismo, quedando poco a poco obsoleto y con la única finalidad de archivo de antecedentes que, por supuesto, caso de existir, hipotecaban la vida y la carrera del afectado. Buceando en sus papeles, se han encontrado documentos que solo provocarían risa si no fuera porque, en su momento, pudieron afectar a personas. Me refiero a los antecedentes masónicos esgrimidos al negar el carnet de conducir en los años sesenta o en una ejecutora que ordena perseguir a una persona que, caso de estar viva, tendría ciento tres años.

3. Entramado legal complejo

Se podía aplicar un triple castigo a los condenados: por la ley contra la Masonería se imponían sanciones penales, habitualmente de doce años y un día, por la de Responsabilidades políticas sanciones económicas que podían llegar a la incautación total de los bienes del encausado aunque en la mayoría de los casos eran multas y por las de Depuración de funcionarios, extendida a profesiones liberales y muchas empresas, la expulsión de sus profesiones. No hubo ejecuciones tras la guerra basadas en estas leyes, pero en su conjunto suponen una verdadera muerte civil de los condenados, obligados a rehacer su vida, en peores circunstancias.

4. Tribunal especial

Entre las veinticinco jurisdicciones especiales que el franquismo creó (todavía existe alguna, como la del deporte) nos interesa especialmente el famoso Tribunal, que dependía del gobierno y permitía recursos a sus sentencias. Ante el mismo gobierno, presidido por Francisco Franco. Todo un ejemplo de represión extrajudicial legalizada por la fuerza de los hechos, no de la razón. De él formaron parte cerca de veinte personas a lo largo de su existencia, muchos de ellos sin formación jurídica y que dictaban sentencias basadas en la instrucción realizada por jueces profesionales. Junto a todos ellos, un buen número de funcionarios desarrollaban su labor, pero sobre todo ellos estaba la figura omnipresente que, desde la Presidencia del gobierno, dictaba normas, establecía presupuestos y controlaba el funcionamiento general del sistema. Era Luis Carrero Blanco.

5. Legislación nunca derogada

Siendo útil para las diferentes etapas del Régimen la legislación represiva, ésta nunca se derogó, simplemente se fue dejando en el olvido y si bien el tribunal desapareció en 1963 (siguió emitiendo sentencias condenatorias hasta la misma tarde del día anterior a su extinción), la falta de víctimas unida a la pervivencia de la legislación hizo que los organismos represivos se fueran poco a poco funcionarizando, hasta llegar a ser una simple sombra de un pasado.

¿Verdadera antimasonería?

Llegamos así al punto crucial de este brevísimo artículo. ¿Es todo lo expuesto reflejo de la antimasonería que flotaba en el ambiente de muchos países? ¿Es pura y simple antimasonería práctica?

La dictadura de Franco se ha dividido en varias fases, que difieren según criterios y estudiosos. Nos valdremos ahora de las siguientes:

1. 1936-1939. Establecimiento, guerra lenta y catarsis.
2. 1940-1944. Posguerra agresiva en el marco de la colaboración con el eje.
3. 1945-1952. Posguerra agresiva atenuada en la nueva situación de guerra fría y aislamiento internacional.
4. 1953-1959. Posicionamiento del lado occidental y católico.
5. 1960-1970. Fin de la autarquía, Plan de Estabilización y desarrollismo intervencionista.
6. 1971-1976. Tardofranquismo, desapego de la Iglesia y búsqueda de la continuidad.

Dando por hecho que el Régimen siempre pensó en su propia supervivencia y que el Dictador nunca se definió como provisional o expresó deseo alguno de relevo, forzoso es reconocer que consiguió el objetivo, excepto perpetuar su legado incólume o con el menor cambio posible.

Mudó de orientación política según las necesidades, pasando de un activismo más proitaliano que proalemán condicionado por las carencias del país a una cierta relación de sumisión a los aliados, justificada por su natural anticomunismo. Permaneció en el aislamiento ganando poco a poco espacios internacionales donde moverse y ofreciendo bases militares a los Estados Unidos a cambio de ayuda material, pero sobre todo de cobertura política. Este cambio supuso atenuar la propaganda y la represión contra lo poco que quedaba de Masonería, por no disgustar, sobre todo, a los Estados Unidos que, no se sabía hasta qué punto tolerarían la dictadura. Se entregó al catolicismo más ortodoxo, rebautizando su régimen como nacional catolicismo, firmando en 1953 un Concordato claramente favorable a la Iglesia para disimular su esencia antiliberal y represiva, hasta que la propia Iglesia evolucionó con el Concilio Vaticano II (1962-1965) y entonces Franco se sintió traicionado.

En materia económica fomentó la ruinosa autarquía hasta que la cruda realidad internacional obligó en 1959 a devaluar la moneda, abrirse al comercio, traer turistas y enviar emigrantes. Es decir una economía exportadora (el turismo y la emigración es exportación, porque el pago entra al país), que pasó a ser industrial y fuertemente intervencionista.

Hay varios elementos del sistema que se mantienen a lo largo de todo el periodo. El primero es la creciente desmovilización ciudadana. La Política es mala, especialmente la demoliberal (y por lo tanto masónica, que escribió Isaías Sánchez Tejerina). Conviene una población que no se implique. Dividida en tres grupos: desafectos, indiferentes y partidarios, se reprime a los primeros, pero el objetivo es maximizar los segundos. Sin debate, sin alternativas y con información parcial y sesgada se fomentó en la población el más completo desinterés por los asuntos públicos.

El segundo es la idea fuerza de la antiespaña y el contubernio. En los primeros tiempos se reprime con fuerza a los masones y toda corriente de pensamiento minoritario (librepensadores, rotarios, espiritistas, teósofos…) con saña basada en el integrismo religioso. En la década de los cuarenta y principios de los cincuenta se explota el archivo de Salamanca hasta eliminar, en la práctica, todo rastro de masonería en España y sobre todo se mantiene la propaganda destinada a la población. Los masones y no otros son los principales protagonistas del contubernio. El número de víctimas se reduce y además, la guerra la han ganado potencias con presencia masónica importante, fundamentalmente Estados Unidos, Gran Bretaña y Francia, por tanto conviene no exagerar. Porque España los necesita.

Desde los años sesenta no hay masones en España (todavía no ha llegado el momento de que algún joven viaje a París, Londres o Nueva York o que Iberoamericanos acudan a España en número significativo) y los pocos que quedan en el exilio han perdido el contacto con su patria. Pero la población sigue sufriendo el bombardeo mediático sobre masones y comunistas, dejando de lado, convenientemente, a los judíos y a los liberales. La mayoría de los españoles no sabe qué es la masonería, pero se la teme como si fuera el mismísimo demonio. Ni la propia Iglesia usa ya la retórica de las encíclicas y diatribas episcopales. Ahora se acerca al mundo obrero y está inmersa en su propia renovación, más adaptada a los tiempos.

En 1963 desaparece el Tribunal antimasónico y se crea el Tribunal de Orden Público, el célebre TOP, que técnicamente se ocupa de condenar a los masones pero, que sepamos, jamás procesó a ninguno. Son otros tiempos, el enemigo está ahora en la fábrica, en la Universidad, en la calle. No en las logias. Y sin embargo cada vez con menos frecuencia, el fantasma resurge en artículos y declaraciones oficiales de algún ministro o gobernador civil.

Para reflexionar

Tocaremos por último un elemento no menor de la ley de represión. Se obligaba a todos los que hubieran sido masones a emitir una declaración-retractación, que, en principio (¡vana esperanza!) podría librarles del castigo. El término evoca conceptos religiosos, la abjuración de un credo para adoptar otro o para retornar al oficial tras un cisma o herejía, pero el Tribunal no admitía la retractación religiosa formal emitida ante una autoridad eclesiástica. A la Iglesia si le valía para aceptar de nuevo a la oveja descarriada, pero al estado no. La declaración-retractación en modelo civil oficial implica autoinculpación y delación, mencionar a terceros que, evidentemente, son objeto de investigación. Es un método clásico de todas las policías políticas. Una vez más: la antimasonería de base religiosa es utilizada para fines estrictamente políticos.

Para cerrar este brevísimo ensayo, se hace necesario enunciar una conclusión: la estrategia y las tácticas antimasónicas de franquismo no eran un fin en sí mismas como creían una buena parte de sus promotores, más bien servían a intereses políticos cambiantes de un Régimen en permanente crisis de supervivencia. Es decir, fueron, ante todo, un medio. ⚒

REFERENCIAS BIBLIOGRÁFICAS

Calvo Cardín, Manuel. *Masonería. Historia de una represión.* MASONICA, 2024.
Casanova, Julián. *Franco.* Barcelona: Crítica, 2025.
Casanova, Julián. *Una violencia indómita. El siglo XX europeo.* Barcelona: Crítica, 2020.
Ferrer Benimeli, José Antonio. *El contubernio judeo-masónico-comunista.* Madrid: Istmo, 1982.
Hobsbawn, Eric. *Naciones y nacionalismo desde 1780.* Crítica, 2021.
Morales Ruiz, Juan José. *Palabras asesinas.* MASONICA, 2017.
Morales Ruiz, Juan José. *Franco y la masonería.* MASONICA, 2022.
Tremlett, Giles. *Franco, el dictador que moldeó un país.* Barcelona: Penguin, 2025.
Sevillano Calero, Francisco. *La Europa de entreguerras: El orden trastocado.* Barcelona: Síntesis, 2020.

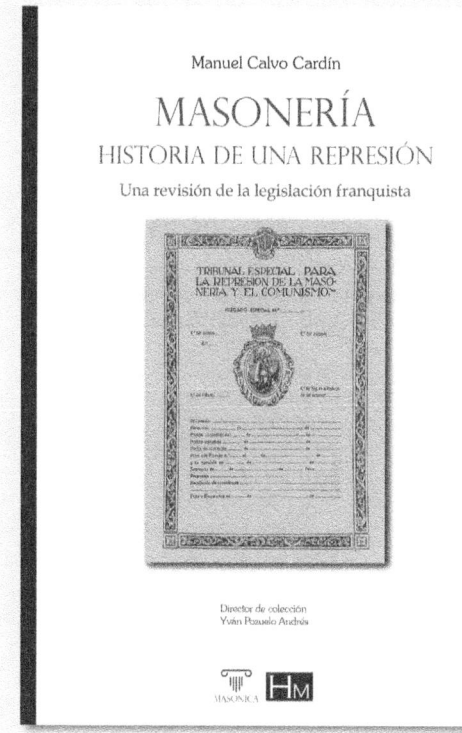

Una investigación imprescindible que reconstruye, con rigor jurídico e histórico, el aparato legal del franquismo contra la masonería: normas, tribunales, actores y consecuencias. Frente a la amnesia de la Transición, el libro aporta contexto y documentos para entender cómo se diseñó y aplicó la persecución. Un alegato sereno por la Memoria de las víctimas y una guía clara para comprender casi cuatro décadas de represión institucional en España.

Yván Pozuelo Andrés

Doctor en Historia por la Universidad de Oviedo, licenciado por La Sorbona-París I. Editor de la *Revista de Estudios
Históricos de la Masonería Latinoamericana y Caribeña*
(www.rehmlac.com). Miembro del Centro de Estudios Históricos de la Masonería Española (CEHME). Sus principales ejes de investigación son la historia de la masonería as-
turiana, la historia de la masonería en relación con el
movimiento obrero y las relaciones entre las masonerías
españolas e hispanoamericanas.

EL ENEMIGO INVISIBLE

LA CAMPAÑA ANTIMASÓNICA DEL FRANQUISMO COMO POLÍTICA DE ESTADO (1936-1975)

Yván Pozuelo Andrés

Resumen

Este artículo analiza la campaña antimasónica desarrollada por el franquismo como un dispositivo central de su aparato ideológico y represivo. A partir de una mirada holística que arranca en la formación del propio Franco en los ambientes del catolicismo integrista, se examinan los aliados doctrinales y políticos que alimentaron esta cruzada: la Iglesia católica, el fascismo europeo, el Ejército español y el aparato propagandístico del régimen. Se demuestra cómo la Guerra Civil fue utilizada como escenario para el intento de exterminio físico e institucional de la masonería, y cómo esta cruzada se prolongó durante toda la dictadura mediante una narrativa paranoica alimentada por películas, textos oficiales, seudohistoriadores como Carlavilla o Karl Mauricio, y altos cargos como Carrero Blanco. El artículo dedica especial atención a la funcionalidad política del enemigo masónico en la legitimación del poder franquista, como por ejemplo, la persecución de exiliados republicanos acusados de masonería. Esta asociación, más allá de su realidad concreta, fue construida como enemigo simbólico necesario para sostener el miedo, el control y la narrativa salvadora del régimen. ¿Cómo se gestó esa leyenda negra? ¿De dónde extrajo sus fuentes, y qué motivaciones la sostuvieron?

EL ENEMIGO INVISIBLE: LA CAMPAÑA ANTIMASÓNICA DEL FRANQUISMO COMO POLÍTICA DE ESTADO (1936-1975)

Introducción

Franco no inventó la antimasonería: nació en ella. Ninguno de sus discursos contra la masonería fue original. Repitió los relatos que circulaban con constancia en los sectores de sociabilidad católica más fanática, desde el trono pontificio hasta los púlpitos de las parroquias, pasando por la prensa confesional. Franco no se distinguió por el discurso masónico sino por su capacidad en convertirlos en asesinatos, impulsado por una imaginación obsesiva y agresiva.

Desde su nacimiento en 1892 hasta los crímenes de 1936, Franco pasó 44 años oyendo y creyendo el relato antimasónico. Creyó en él porque lo escuchó de voces que respetaba, que admiraba, que representaban el orden moral y religioso que veneraba. También porque su experiencia personal con masones fue siempre conflictiva: los conoció en posiciones de poder, pero enfrentados a sus ideas conservadoras, autoritarias, dogmáticas. No debe subestimarse tampoco el resentimiento hacia quienes, desde la masonería, brillaban con éxito intelectual y profesional.

El católico más católico de España, rodeado de su guardia mora como círculo íntimo de confianza, se dejó animar por la violencia desatada por Mussolini y Hitler, y se convirtió en el lobo más feroz contra los afiliados y afiliadas a la masonería.

Sobre esta relación existen obras imprescindibles: *Palabras asesinas* y *Franco y la masonería*, de Juan José Morales Ruiz; *El complot judeo-masónico*, de Javier Domínguez Arribas; y una vasta producción historiográfica publicada en los últimos cincuenta años. Decenas de autores y de autoras investigaron el discurso antimasónico en las regiones españolas, a través de la prensa regional católica, pero también directamente desde los sermones de obispos y prelados que luego de ser pronunciados se transformaron en libelos con amplia difusión.

Este artículo pretende esbozar cómo y a través de qué medios y actores Franco construyó su mentalidad antimasónica, para comprender mejor la campaña permanente que el franquismo desplegó contra la Orden. ¿Cómo se gestó esa leyenda negra? ¿De dónde extrajo sus fuentes, y qué motivaciones la sostuvieron?

Con este propósito, este trabajo se organiza en cinco apartados. El primero se centra en la formación antimasónica de Franco. El segundo examina a sus aliados, ya que, aunque Franco monopolizó el liderazgo de la cruzada antimasónica, no actuó en solitario. El tercer apartado aborda la Guerra Civil como el escenario principal del intento de exterminio de la masonería en España. En el cuarto, se exponen las principales obsesiones que estructuraron la campaña antimasónica permanente durante el franquismo. Finalmente, el quinto apartado ofrece una mirada crítica sobre ciertos sectores masónicos que contribuyeron, aunque desde una perspectiva utópica, a alimentar el imaginario antimasónico al compartir algunos de sus supuestos.

1. Franco: formación de un antimasón

Francisco Franco no se convirtió en antimasón por accidente ni por conveniencia táctica. Fue educado desde la infancia en un universo ideológico donde la masonería ocupaba el lugar de enemigo absoluto. En su entorno familiar, social y militar, la masonería no era una institución más del liberalismo europeo: era la encarnación del mal moderno, el rostro oculto de una conspiración contra la Iglesia, la patria y el orden. Franco no inventó esa mirada, la heredó. Se crió dentro de un nacionalcatolicismo que había asumido como dogma que la historia de España era una guerra ininterrumpida entre el bien católico y las fuerzas del mal liberal, masónico y republicano.

El integrismo católico español —alimentado por el antimasonismo papal, los ecos de la contrarrevolución francesa, y la nostalgia del Antiguo Régimen— había instalado la masonería en el centro de todas sus fobias. El papa León XIII con su *Humanum Genus* de 1884 fue solo uno de los múltiples ladrillos con que se edificó esa cosmovisión. En los púlpitos, la prensa confesional y la literatura ultracatólica, el masón no era una persona, sino un símbolo: conspirador, anticristiano, enemigo de la unidad de España. Franco absorbió este imaginario con devoción.

En el colegio, en las revistas que leía, en los sermones que escuchaba, el joven Franco fue moldeando su percepción del mundo. La masonería no aparecía nunca como una institución concreta con miembros diversos y pensamientos plurales, sino como una hidra invisible y poderosa. Desde el nacionalismocatólico que lo nutrió, todas las derrotas de España —la pérdida del imperio, la crisis del 98, el republicanismo, el separatismo— eran obra directa o indirecta de la masonería internacional. Esta lectura paranoica del mundo se convirtió en un marco interpretativo que Franco jamás abandonaría. No necesitaba pruebas ni evidencias: la masonería *existía* en la medida en que explicaba el caos, el mal y el desorden del mundo moderno.

Además del influjo doctrinario, Franco fue configurando su odio a la masonería a través de experiencias personales. En su carrera militar, encontró muchas veces en los mandos liberales o republicanos una cercanía con la masonería que él identificaba como debilidad moral y antipatria. Si alguien defendía la autonomía regional, el laicismo o el parlamentarismo, Franco no necesitaba más: era masón o lo parecía. Aún sin pruebas, le bastaba la sospecha.

En esta configuración mental, no existían matices. La masonería no era simplemente una red de poder o una opción filosófica: era una religión al-

ternativa, una anti-Iglesia, un enemigo teológico. Esta es una clave decisiva
para entender por qué su represión fue tan brutal. El fanatismo que aplicó a
la persecución de la masonería no era puramente político. Era también espiritual: luchaba contra una herejía.

A esta formación se sumó una admiración rencorosa hacia quienes consideraba «masónicos». Intelectuales, escritores, militares ilustrados, personas
brillantes que desde el laicismo o el librepensamiento construyeron trayecto-
rias notables, provocaban en él una mezcla de desprecio y envidia. Era un
odio al mérito sin Dios, a la inteligencia sin confesión, al poder sin cruz. No
soportaba el prestigio de quienes no se arrodillaban ante el altar, y a los que
también se arrodillaban los tomaba por traidores a la moral divina.

Desde estos cimientos, Franco consolidó una mentalidad en la que la masonería funcionaba como metonimia del enemigo. La masonería era el rostro
cambiante del mal: a veces era liberalismo, otras comunismo, otras judaísmo,
otras separatismo. Esta plasticidad permitía que su lucha antimasónica fuera
también una cruzada contra toda forma de disidencia.

El resultado fue una cosmovisión cerrada, dogmática, impermeable. No
necesitaba conocer la masonería: ya sabía todo lo que tenía que saber. Su
verdad venía garantizada por la Iglesia, el Ejército, la tradición. Y en nombre
de esa verdad, se sintió legitimado en 1936 para exterminar.

2. Los aliados de Franco contra la masonería

El de Ferrol no fue un francotirador solitario en su cruzada contra la masonería. Se apoyó en una red densa de instituciones, discursos y complicida-
des que compartían el odio y la obsesión contra la Orden. Su campaña antimasónica fue coral, no individual. La dirigió como un general, pero el coro
de voces antimasónicas lo precedía y lo acompañó hasta su último aliento.

La primera gran aliada fue la Iglesia católica. Desde el siglo XVIII, el papado había condenado sistemáticamente a la masonería, pero fue con el ul-
tramontanismo del siglo XIX cuando el antimasonismo católico adquirió su
forma definitiva: demonización doctrinal, vigilancia social y exclusión sa-
cramental. La masonería era vista no solo como un error filosófico, sino como un pecado político, una herejía moderna que atentaba contra el reinado
social de Cristo. La España católica —esa que se pensaba heredera de Trento
y del nacionalcatolicismo de Felipe II— convirtió la lucha contra la masonería en parte de su identidad. Por su lado, el rey Fernando VII, en el primer
tercio del siglo XIX, no hizo nada que no hiciera luego Franco. La diferencia
es que en su época no había realmente una masonería española organizada y
numerosa como la que existió durante la época de Franco antes de 1936. No
obstante, su virulencia era la misma.

EL ENEMIGO INVISIBLE: LA CAMPAÑA ANTIMASÓNICA DEL FRANQUISMO COMO POLÍTICA DE ESTADO (1936-1975)

En el momento de la formación antimasónica de Franco destaca el papel del sacerdote Juan Tusquets Terrats, uno de los principales difusores del discurso antimasónico en la España anterior y posterior al golpe de 1936. Su influencia no solo provino de sus numerosos escritos —como *Orígenes de la revolución española* o *Asesinos de España: masonería, anarquía y comunismo*—, sino también de su labor editorial como director de la colección *Biblioteca Antimasónica*, desde la cual se promovió una intensa campaña de divulgación del ideario antimasónico. Tusquets no solo amplificó el imaginario conspirativo, sino que le dio un barniz seudocientífico y teológico que legitimó su difusión entre sectores conservadores, católicos y militares, consolidando así un arsenal ideológico que sería clave para el régimen franquista.

Franco internalizó esta perspectiva, pero no se limitó a repetirla: la intensificó. Convirtió las condenas teológicas en programas de exterminio. Y lo hizo contando con el respaldo activo de una parte significativa del clero. Párrocos, obispos, cardenales, capellanes castrenses: muchos participaron de la caza del masón. Algunos lo hicieron desde la homilía; otros desde el confesionario; muchos desde los tribunales de depuración. Todo hay que decirlo, también se contaron, excepcionalmente, con curas que intentaron salvar a algunos acusados.

El segundo gran apoyo provino del fascismo europeo. Franco no copió mecánicamente ni a Mussolini ni a Hitler, pero sí los tomó como referencias. Compartía con ellos la lógica del enemigo interno: los regímenes totalitarios no se entienden sin una amenaza constante, que justifique el control y la violencia. La masonería ocupó ese rol con eficacia: era invisible, escurridiza, intelectual, cosmopolita, liberal. Tenía todos los atributos del enemigo ideal.

El antisemitismo nazi encontró en España un equivalente funcional: la masonería. Donde Hitler veía la conspiración judía, Franco veía la masonería. Y cuando ambos la fusionaron en la figura del complot judeo-masónico-comunista, se activó un imaginario de guerra teológica que justificaba cualquier atropello. No era represión, era cruzada. No era política, era redención nacional.

Junto a la Iglesia y al fascismo, el Ejército español también jugó un papel clave. Muchos de sus oficiales compartían la visión de Franco: veían en la masonería una amenaza directa a la unidad de España y al honor militar. Desde el fracaso de la Segunda República, se había instalado entre los sectores más conservadores de las Fuerzas Armadas la idea de que los masones habían infiltrado el poder para debilitar el Estado. La depuración de militares sospechosos de masonería fue sistemática. Bastaba un rumor, una amistad, una lectura para activar la sospecha. El Ejército franquista no solo combatió en el frente: purgó en los despachos. También se cuenta con destacados militares que participaron en el golpe de Estado que eran notorios masones, como por ejemplo Cabanellas. Sobre este tema, el libro del historiador Manuel de Paz sobre los militares masones del siglo XX es imprescindible.

La prensa, convertida en aparato de propaganda, amplificó la paranoia. Diarios como *Arriba* o cualquier otro de difusión regional adscrito al régimen franquista dedicaban titulares y editoriales a la amenaza masónica con regularidad. Las «filtraciones» sobre listas de masones eran parte del espectáculo. La masonería se transformó en una figura retórica: un significante que servía para explicar todos los males, desde la inflación hasta el separatismo, desde la derrota en Marruecos hasta la miseria de la postguerra. La imaginación conspirativa tenía licencia permanente.

Estos aliados —la Iglesia, el fascismo, el Ejército, la prensa— no solo acompañaron a Franco: fueron fundamentales para construir la legitimidad de su cruzada. La campaña antimasónica del franquismo no fue un delirio individual, sino una política de Estado sostenida por una coalición ideológica amplia y bien engrasada.

3. La Guerra Civil como escenario del exterminio

Al final, el complot judeo-masónico-comunista no existió, el que se fraguaba era el complot católico-militar-capitalista que para esconderse no paró de hablar del primero.

La Guerra Civil no fue solo un enfrentamiento militar contra la población civil ni un conflicto ideológico: fue también el escenario escogido para el intento de exterminio masónico en España. El golpe de Estado del 17 de julio de 1936 activó una máquina de muerte que no distinguía entre el adversario armado y el enemigo simbólico. Y entre estos, pocos ocuparon un lugar tan central como el masón. En la retórica del bando sublevado, el masón no era solo un rival político: era el responsable último del caos, la traición y la decadencia nacional. Era el culpable por excelencia. Según la versión antimasónica, el comunismo fue creado por la masonería: antes ella, después él, como criatura de la primera.

Franco necesitaba un enemigo absoluto para justificar la violencia sin límites, y la masonería cumplió esa función. La presentó como el núcleo de una conspiración que unía comunistas, separatistas, judíos, liberales y ateos en un solo frente contra España. En sus discursos, la masonería no era una institución concreta con nombres y apellidos, sino una fuerza invisible, multiforme, todopoderosa. Una fuerza que debía ser destruida sin piedad.

Desde los primeros días del golpe, la represión antimasónica se volvió sistemática. No se trataba solo de cerrar logias o ilegalizar asociaciones: se trataba de eliminar a las personas, de borrar todo rastro. Intelectuales, maestros, militares, abogados, periodistas... bastaba una sospecha, una acusación sin pruebas, para ser condenado a muerte. Muchos fueron asesinados por haber pertenecido a logias. Otros, por el simple hecho de tener un libro, un carnet, una amistad. La delación se convirtió en instrumento cotidiano. La paranoia, en método de gobierno.

En las cárceles franquistas, ser acusado de masón implicaba castigos severos, aislamiento, tortura. El aparato judicial se puso al servicio de la cruzada. Los consejos de guerra utilizaban la pertenencia a la masonería como agravante, como si fuera una forma intensiva de traición. Se crearon comisiones depuradoras en todos los ámbitos: enseñanza, justicia, administración. La acusación de masonería funcionaba como excusa para expulsar, arruinar o encarcelar a cualquier disidente, aunque nunca hubiera pisado una logia. Obviamente, los numerosos estudiosos publicados desde la Academia matizan estas afirmaciones.

La obsesión alcanzó niveles de delirio. En los archivos policiales se acumulaban fichas de supuestos masones reales o imaginarios. Se elaboraron listas negras, informes secretos, esquemas de relaciones. El masón dejó de ser un individuo concreto y pasó a ser una figura fantasmática. Lo real y lo simbólico se confundieron en un clima de terror. No importaba si la acusación era falsa: lo importante era que fuera útil para mantener el miedo y la humillación. La represión antimasónica se convirtió en una profesión, en puestos dorados dentro de la administración de Estado, así pues, debía mantenerse viva para seguir viviendo de ella.

En esta campaña, el género no ofrecía protección. Las mujeres masonas —más escasas, pero igualmente activas— también fueron perseguidas. A menudo, su pertenencia a la masonería se usaba para reforzar estigmas morales: se las acusaba de inmoralidad, de lesbianismo, de destruir la familia. En una dictadura que glorificaba el hogar católico, la mujer masónica representaba una amenaza intolerable.

La Guerra Civil ofreció a Franco la oportunidad de convertir su odio personal en política de Estado. Y lo hizo con precisión quirúrgica. La masonería fue desmantelada, sus bienes confiscados, sus miembros eliminados, sus símbolos prohibidos. En la retórica franquista, la victoria militar no era solo sobre la República y el comunismo (que nunca existió en España), sino sobre la masonería: la victoria sobre la sombra.

Lo que ocurrió entre 1936 y 1939 no fue una purga ni una represión puntual: fue un intento sistemático de erradicación. Un proyecto de exterminio ideológico, donde el crimen se justificaba como redención. Y como todo exterminio, dejó una herida abierta, un silencio impuesto, una memoria aún combatida. Los masones en el exilio lucharon en las instituciones internacionales para que se valorara ese intento de genocidio. No lograron dicha meta.

4. El enemigo que nunca murió: la campaña antimasónica como estrategia de poder en el franquismo

La campaña antimasónica del franquismo no terminó con la Guerra Civil. De hecho, encontró en la posguerra su terreno más fértil: sin oposición, con el aparato estatal en sus manos y con una Iglesia feliz con la cruzada realizada, Franco institucionalizó una narrativa obsesiva y paranoica contra la masonería que perduró hasta su muerte —y más allá—. El enemigo masón, derrotado en la realidad, fue resucitado una y otra vez en la propaganda, la literatura, el cine y el discurso político. Esta continuidad no fue casual: fue parte de una estrategia de control simbólico que necesitaba al enemigo invisible para justificar la vigilancia permanente.

Uno de los pilares de esta narrativa fue la producción cultural de la dictadura. La película *Raza*, escrita por el propio Franco bajo el seudónimo de Jaime de Andrade, es un monumento a la paranoia antimasónica. Estrenada en 1942, *Raza* presenta una España dividida entre héroes católicos y traidores infiltrados. En ella, la masonería aparece asociada al derrotismo, el cosmopolitismo y la traición patria. La figura del padre corrupto, masón y vendido a intereses extranjeros, se contrapone al hijo fiel, militar, católico y salvador de la nación. Ese padre era su padre, ese hijo era el Caudillo. La masonería no necesita ser nombrada explícitamente: está en los gestos, en los símbolos, en el discurso. *Raza* no fue una película: fue una catequesis política.

En el plano bibliográfico, el propio Franco contribuyó con una obra singular: *Masonería*, escrita en varios tomos a lo largo de los años 50 y 60, y publicada bajo anonimato oficial. Es un texto que mezcla documentación falsa, testimonios manipulados y teorías conspirativas. Allí se dibuja una masonería todopoderosa, capaz de controlar gobiernos, hundir economías y manipular conciencias. Franco no escribe como historiador, ni siquiera como ideólogo: escribe como cruzado. Cada página es una denuncia, una advertencia, una profecía. La masonería aparece como causa de todas las desgracias españolas: la pérdida del imperio, la caída de la monarquía, la proclamación de la República, la guerra, la corrupción moral. Nada escapa a su influjo.

Otro nombre central en esta cruzada es el del policía Mauricio Carlavilla, autor de obras como *Anti-España 1959. Autores, cómplices y encubridores del comunismo* o *Borbones masones*. Carlavilla fue uno de los divulgadores más feroces de la ideología conspirativa franquista. En sus textos, la masonería no es una organización: es un monstruo con mil rostros, aliado del comunismo, el judaísmo y el protestantismo. Carlavilla ofrecía listas de supuestos masones, mezclaba hechos y rumores, y escribía con un tono de cruzada apocalíptica. Sus libros circularon ampliamente, fueron recomendados por el régimen y sirvieron como base para depuraciones y persecuciones. Participó en consolidar un léxico paranoico que repetía incesantemente los mismos esquemas: el enemigo interior, la traición oculta, la necesidad de vigilancia eterna. La masonería, según estos textos, no había sido vencida: solo se había disfrazado, y seguía infiltrando universidades, «sindicatos», «partidos», obispados. La campaña era permanente porque la amenaza era eterna.

Franco contó con verdaderos profesionales antimasónicos, como Eduardo Comín Colomer, una de las piezas clave en la difusión de la campaña antimasónica del franquismo. Policía de formación, con responsabilidades en la Brigada Político-Social y en la Escuela General de Policía, tuvo acceso a una enorme cantidad de documentación masónica incautada, que convirtió en munición para su cruzada ideológica. No solo escribió libros —como *Lo que España debe a la masonería*—, sino que tejió una narrativa obsesiva donde la masonería aparecía como la responsable directa de todos los males nacionales: desde la pérdida del Imperio hasta la proclamación de la República, pasando por la Guerra Civil y la descomposición moral de la sociedad. Para Comín, la masonería no era un sujeto histórico, sino un enemigo eterno, casi mítico. Por cierto, sus obras se siguen reeditando en la actualidad.

Su papel no se limitó al plano discursivo. Formó parte activa del engranaje represivo del franquismo: colaboró con organismos estatales encargados de la persecución y la depuración, y puso su producción al servicio de la legitimación ideológica del terror. Además, su archivo personal —hoy conocido como «fondo Comín» en la Biblioteca Nacional de España— reunía miles de documentos y folletos sobre masonería, comunismo y judaísmo, y funcionó como un reservorio de paranoia. Comín no investigaba: recopilaba para acusar. No escribía como policía ni como historiador: lo hacía como cruzado. Su figura sintetiza perfectamente la lógica del régimen: no se trataba de entender la masonería, sino de mantenerla viva como amenaza.

Tampoco puede olvidarse el papel de figuras del poder como Luis Carrero Blanco. Su ideología ultracatólica lo hacía profundamente hostil a cualquier forma de pensamiento libre, pero su obsesión antimasónica alcanzaba niveles rituales. Como presidente del Gobierno, impulsó mecanismos de control político, policial y judicial basados en esa paranoia. Para Carrero, la masonería era una conspiración global contra España y la Iglesia. Su influencia fue decisiva para mantener viva la narrativa del enemigo oculto. En sus discursos, informes y estrategias, el masón aparecía siempre como el otro absoluto.

El aparato propagandístico del régimen reforzó esta campaña desde múltiples frentes. Se editaron folletos, se impartieron conferencias, se formaron comisiones de estudio. El objetivo no era investigar la masonería, sino mantenerla viva como amenaza. Cada nueva crisis política o social era atribuida a su mano invisible. Incluso cuando la masonería española estaba prohibida, dispersa y reducida a la clandestinidad, el régimen seguía hablándole a un

EL ENEMIGO INVISIBLE: LA CAMPAÑA ANTIMASÓNICA
DEL FRANQUISMO COMO POLÍTICA DE ESTADO (1936-1975)

enemigo imaginario. Porque el enemigo daba sentido. Porque el miedo cohesionaba. Así pues, la campaña antimasónica franquista no se limitó al plano simbólico. Durante toda la dictadura, la acusación de masonería siguió siendo una herramienta útil para desacreditar, sancionar o destruir a cualquier persona incómoda. Aun en los años 60 y 70, cuando España comenzaba una tímida apertura, la sospecha de masonería era suficiente para vetar carreras, cerrar puertas, activar vigilancias. La Dirección General de Seguridad mantenía archivos activos, los tribunales seguían aceptando acusaciones sin pruebas, y el fantasma del masón seguía rondando editoriales, universidades y círculos culturales.

El exilio republicano fue otro frente donde el franquismo desplegó su obsesión antimasónica. Ciertos exiliados, especialmente intelectuales, diplomáticos, juristas y políticos vinculados a la Segunda República, eran masones o habían tenido alguna relación con logias. Desde el primer momento, el régimen activó una estrategia de difamación internacional que combinaba la diplomacia secreta con la propaganda abierta. Se enviaban informes a embajadas, se presionaba a gobiernos extranjeros y se distribuían publicaciones donde se «probaba» la condición masónica de los exiliados como sinónimo de traición a España. Figuras como Diego Martínez Barrio, Luis Jiménez de Asúa o Fernando de los Ríos fueron convertidos en símbolos del enemigo externo: masones, liberales, republicanos y, por tanto, enemigos eternos de la patria. Esta persecución no se limitaba al plano retórico. También se buscaba impedir su participación en organismos internacionales, bloquear sus redes de solidaridad y ensuciar sus legados. El exilio no fue solo un drama humano, sino también un espacio de batalla simbólica donde el franquismo proyectó su delirio más allá de sus fronteras.

La obsesión antimasónica del franquismo no fue una anécdota ni una excentricidad: fue una política de Estado sostenida durante décadas. Y sus huellas permanecen. En la España actual, aún resuenan los ecos de aquella narrativa. La palabra «masón» sigue usándose como insulto en ciertos sectores. Las teorías del complot siguen alimentando discursos de extrema derecha. Y el silencio sobre las víctimas de la persecución antimasónica persiste como una deuda histórica no saldada. En la actualidad se sigue difundiendo en conferencias. Yo mismo he podido asistir a una hace muy pocos años que consistía en analizar los movimientos militares durante la revolución de octubre de Asturias de 1934. En ella, tras una hora de exposición más o menos académica, el autor concluyó diciendo que dicha revolución fue obra de la masonería, y se fue con la sensación del deber bien hecho. Franco heredó el siglo XIX católico, y construyó a sus propios herederos que aún están en asociaciones, universidades y sobre todo en el poder.

Franco no necesitaba a la masonería para gobernar, necesitaba a la Iglesia católica y vice versa. Necesitaba del mito del masón para sostener su relato.

El enemigo invisible servía para explicar lo inexplicable, para justificar lo injustificable, para reprimir sin medida. Por eso la campaña no tuvo fin.

5. La ayuda de los masones al relato antimasónico

El relato antimasónico del franquismo fue una construcción ideológica, obsesiva y paranoica, sin base empírica ni lógica interna. Sin embargo, resulta necesario reconocer que, en ciertos momentos y de forma paradójica, algunas prácticas y discursos de la propia masonería contribuyeron —aunque involuntariamente— a alimentar ese imaginario delirante. No porque compartieran su lógica, sino porque muchas veces asumieron, con entusiasmo, el aura de misterio, poder y misión trascendental que el franquismo atribuía a la Orden, pero desde una lectura inversa: lo que para los cruzados del régimen era conspiración, para ciertos masones era misión regeneradora.

Basta con un ejemplo: tanto los antimasones como muchos masones coinciden en atribuir a la masonería la autoría de la Revolución Francesa, aunque esta afirmación carezca de fundamento histórico. Incluso después de haber sido ampliamente estudiado por historiadores masones, el mito persiste. Todavía hoy se repite, en círculos masónicos, con orgullo, casi con las mismas palabras que usaba Franco, que la Revolución Francesa fue obra de la masonería.

En lugar de desmontar ese mito, algunos sectores de la masonería lo interiorizaron y reprodujeron, aunque bajo el ropaje de una épica progresista o humanista. Las logias reforzaban la imagen de una élite selecta con acceso a verdades superiores. El discurso masónico sobre la iluminación, el conocimiento esotérico y la transformación del mundo podía ser interpretado desde fuera —y fue leído así por el franquismo— como un proyecto de control oculto de la sociedad. Lo que en el interior de la logia era símbolo y alegoría, fuera de ella era leído como literalidad y amenaza.

Además, en el contexto del exilio, algunos masones, con la intención de dignificar su papel histórico, reforzaron la imagen de una masonería rectora de la Segunda República, como si su influencia hubiera sido determinante en el devenir político del país. Esa narrativa heroica, bienintencionada, acabó por confirmar el relato franquista: si los masones se reivindicaban como arquitectos de la República, el régimen tenía la coartada perfecta para justificar su persecución. La línea entre el orgullo simbólico y la contribución involuntaria a la propaganda enemiga fue, en muchos casos, peligrosamente delgada.

Tampoco ayudó el mito del secretismo autoimpuesto de una actitud críptica. Todo ello funcionó como prueba de culpabilidad y sostuvo control obsesivo por parte de la dictadura. El régimen no necesitaba investigar: solo tenía que insinuar. ¡Qué escasa es, en el fondo, la diferencia entre «discreción» y «secretismo» cuando se trata de definirse!

EL ENEMIGO INVISIBLE: LA CAMPAÑA ANTIMASÓNICA DEL FRANQUISMO COMO POLÍTICA DE ESTADO (1936-1975)

Este apartado no pretende culpabilizar a las víctimas, sino mostrar que la historia no se escribe en blanco y negro. Los relatos ideológicos se construyen también con elementos aportados desde los márgenes. La masonería no fue ni la fuerza oculta que destruía naciones ni la élite de sabios que guiaban a la humanidad: fue una institución compleja, plural, contradictoria, cuyos miembros —como todos los actores históricos— oscilaron entre el ideal y la realidad. Comprender eso no debilita su memoria: la hace más humana, más resistente al mito, más difícil de utilizar como enemigo o como salvadora.

Conclusiones

¿Qué sentido tiene hoy volver sobre la campaña antimasónica del franquismo? ¿Qué aprendemos de un régimen que necesitó inventar enemigos para justificar su existencia? ¿Por qué funcionó tan bien el relato del enemigo masón? ¿Acaso porque tocaba fibras profundas de la cultura política española, como el miedo a lo invisible, el rechazo a lo diferente, el deseo de un orden cerrado y vigilado? Y aún más incómodo: ¿cómo es posible que esa campaña —sostenida sobre falsedades, rumores y delirio ideológico— haya dejado rastros tan persistentes en la memoria colectiva? ¿Por qué todavía hoy, en determinados sectores, la palabra «masón» se pronuncia con sospecha, con burla o con desprecio, como si la sombra del complot no hubiera sido desmontada por la historiografía, ni derrotada por la razón?

¿Qué dice de nosotros como sociedad que haya sido tan fácil creer en una conspiración sin pruebas? ¿Qué nos enseña esta historia sobre el poder de la propaganda, el miedo y la simplificación? ¿Y qué responsabilidad tienen también quienes, desde dentro de la masonería, reforzaron ese imaginario desde la superioridad simbólica, el esoterismo mal entendido o el elitismo autorreferencial? ¿Estamos dispuestos, hoy, a hacer justicia no solo a las víctimas del franquismo en general, sino también a quienes fueron perseguidos y asesinados por el simple hecho de pertenecer a una institución legal, filosófica y plural? ¿Seremos capaces de mirar esta historia con complejidad, sin repetir los clichés del poder ni los mitos de la resistencia?

Quizá la mayor enseñanza de esta historia es que ningún relato de odio se construye solo desde el poder. Necesita del silencio, del miedo y también —a veces— del juego simbólico de quienes creen que encarnar el misterio los protege. La masonería fue víctima del franquismo, sin duda. Pero también fue —en ocasiones— objeto de su propia mitificación.

Reconstruir esta historia con rigor es una forma de devolverle su lugar real: ni omnipotente ni invisible, sino parte de la pluralidad democrática que la dictadura quiso destruir. Y que aún hoy necesita ser defendida.

EL ENEMIGO INVISIBLE: LA CAMPAÑA ANTIMASÓNICA DEL FRANQUISMO COMO POLÍTICA DE ESTADO (1936-1975)

Llegados a este punto, es posible que algún lector haya echado en falta la mención de ciertos episodios concretos, personajes o acontecimientos puntuales. Para eso están, naturalmente, las obras de referencia citadas. Sin embargo, la omisión que probablemente más llame la atención a quienes ya tienen algún conocimiento de la historia de la masonería es la famosa leyenda de un Franco que habría intentado ingresar en una logia en dos ocasiones. Esta omisión es deliberada: el episodio ha sido suficientemente investigado y todas las evidencias apuntan a lo mismo —se trata de una fantasía sin fundamento. Solo podría sostenerse si se optara, como ejercicio de pensamiento o de fe, por recurrir a las mismas fuentes voluntaristas y especulativas que utilizaron Franco y los antimasones españoles del siglo XX para alimentar su campaña de terror antimasónico. Seguir investigando, siempre. En cambio, exponer sin una investigación rigurosa sólo beneficia a los detractores que no olvidemos fueron en España asesinos. ⚒

Serie
MASONERÍAS Y MASONES

Ensayos académicos sobre la historia de la masonería

Uno de los estudios históricos de corte académico sobre la masonería
más importantes publicado hasta la fecha.

Phileas del Montesexto (Montevideo, 1970) es el actual director internacional de la Orden Rosacruz Iniciática. Investigador y escritor, estudió filosofía en la Universidad de la República en Montevideo.

Ha publicado varios libros sobre temas vinculados a la Filosofía Iniciática: *Iniciación: El camino de regreso, Laberintos y Dragones, El magno misterio de la Rosacruz, Érase una vez,* siendo su última obra *Meditaciones herméticas,* publicada en junio de 2025.

LA CORRESPONDENCIA ENTRE GIUSSEPPE MAZZINI Y ALBERT PIKE

Phileas del Montesexto

Una de las supuestas «pruebas» que los teóricos de la conspiración esgrimen para sostener la existencia de un plan maestro detrás de los grandes acontecimientos mundiales son las famosas cartas de Albert Pike a Giuseppe Mazzini, documentos sorprendentes que supuestamente anticipan las tres guerras mundiales en una correspondencia fechada en 1871.

Pero, ¿es verídica esta correspondencia? ¿realmente Mazzini y Pike se anticiparon y planificaron los grandes conflictos bélicos que marcarían el destino de la humanidad en los siglos siguientes? En el presente artículo trataré de seguir la pista al origen de esta intrigante historia, examinando tanto las fuentes documentales disponibles como el contexto histórico, la lucha de intereses y los prejuicios ideológicos, culturales y religiosos tan propios de los entornos donde la conspiranoia halla terreno fértil para prosperar, especialmente cuando se mezcla con fragmentos de verdad, narrativas distorsionadas y conflictos sociales no resueltos.

Los teóricos de la conspiración

Como punto de partida, voy a transcribir el texto de las supuestas cartas tomadas del libro «El sentido de la historia» del escritor español Rafael Palacios (Rafapal), aunque podríamos tomar como fuente muchísimas fuentes que presentan el mismo discurso.

Dice Palacios: «Tuvo que pasar casi un siglo para enterarnos de que los masones y gran maestres de la logia Iluminati, el italiano Mazzini y el norteamericano Albert Pike, general sudista además de teórico luciferino con su obra «Dogma y moral», habían intercambiado una correspondencia a finales del siglo XIX anticipando ya la necesidad de tres guerras mundiales para obtener el preciado Nuevo Orden Mundial; el control total del Planeta. El 15 de agosto de 1871, Albert Pike escribió una carta confidencial a Giuseppe Mazzini, revelando cuál iba a ser la Agenda de los grandes Eventos Mundiales para la humanidad».

Tras esta introducción, Palacios transcribe las supuestas revelaciones sobre las guerras:

La 1ª Guerra Mundial: «Debe propiciarse para permitir a los Illuminati derrocar el poder de los Zares de Rusia y hacer de ese país una fortaleza del Ateísmo Comunista. Las divergencias causadas por los agentes de los Illuminati entre los Imperios Británico y Alemán se usarán para fomentar esta guerra. Al final de la guerra, el Comunismo se erigirá y usará para destruir a otros gobiernos y para debilitar a las religiones».

La 2ª Guerra Mundial: «Debe fomentarse aprovechando las diferencias entre los Fascistas y los Sionistas políticos. [aquí es sorprendente que alguien en 1871 hable de fascismo cuando este movimiento aparecerá en Italia unos 40 años después, pero bueno..., sigo:) Esta guerra debe realizarse para que el Nazismo sea destruido (y aquí se habla de nazismo supuestamente en 1871) y el Sionismo político salga lo suficientemente fuerte como para crear un Estado soberano de Israel, en Palestina. Al mismo tiempo, durante la Segunda Guerra Mundial, el Comunismo Internacional debe hacerse suficientemente fuerte para contrarrestar a la Cristiandad, que entonces será constreñida y controlada hasta el tiempo que la necesitemos para el cataclismo social final».

Las pruebas parecen ser contundentes porque, si la carta en cuestión hubiera sido efectivamente escrita en 1871, mencionando conceptos como nazismo, fascismo, comunismo y anticipando la creación del Estado de Israel, estaríamos ante una pieza profética de asombrosa precisión. Pero la supuesta correspondencia también anticipa una **tercera guerra mundial y** dice «Se fomentará aprovechando las diferencias causadas por los agentes de los Illuminati entre los Sionistas políticos y los líderes del Mundo Islámico. La guerra debe conducirse de un modo que el Islam y el Sionismo político se destruyan mutuamente. Mientras tanto, las otras naciones, una vez más, divididas sobre este asunto, se verán obligadas a luchar hasta el punto de la completa extenuación física, moral, espiritual y económica...».

La carta es más larga, pero creo que lo sustancial ya ha quedado planteado.

Rafael Palacios, al hablar de su fuente comenta: «Estas cartas entre Pike y Mazzini se mostraron durante un tiempo en la Biblioteca del Museo Británico de Londres (British Museum). Naturalmente, el Museo Británico desmiente la existencia de dichas cartas y son objeto, cuando escribo estas líneas, todavía de gran polémica. Sin embargo, el oficial de Inteligencia de la Royal Canadian Navy, William Guy Carr, pudo copiarlas en aquella época».

En este pasaje aparecen dos pistas que vale la pena seguir:

1. Se afirma que las cartas estuvieron en el Museo Británico.

2. Se dice que el escritor William Guy Carr las pudo copiar (él mismo) del museo.

William Guy Carr y José María Caro

Tomemos la pista de Carr, ya que -como dice Palacios- el Museo Británico niega la existencia de las cartas, aunque los teóricos de la conspiración afirman que las ocultan.

William Guy Carr, en un libro de 1955 titulado *Peones en juego*, hizo pública la carta y afirmó que esta podría hallarse en el Museo Británico, aunque no incluía todos los detalles que circulan hoy en día. Por cierto, en ese libro no se mencionan ni el fascismo ni el nazismo.

Años más tarde, en 1959, en su obra *Satán, príncipe de este mundo*, Carr volvió a hablar de las misivas y aclaró que la información sobre la carta no la obtuvo de primera mano, sino que estaba «catalogada en la Biblioteca del Museo Británico de Londres» y que había sido citada por otras autoridades. Sin embargo, el propio Carr también reconoce: «El guardián de los manuscritos informó recientemente al autor que esa carta no está en la biblioteca del Museo Británico».

Es decir, la afirmación de que Carr copió personalmente la carta es falsa.

Es más, el mismo Carr dice: «El guardián de los manuscritos recientemente informó al autor que esa carta no está en la biblioteca del Museo Británico». Por lo tanto, la transcripción de las cartas que repiten una y otra vez los conspiranoicos modernos también queda en evidencia que no fue escrita por Carr.

Pero sigamos tirando del hilo.

Carr cita al cardenal chileno José María Caro y su libro *El misterio de la masonería: Descorriendo el velo* (1925). No obstante, Caro tampoco vio las cartas y a su vez cita a un autor anterior: Howell Arthur Gwynne, y en particular el libro antisemita *The Cause of the World Unrest*, centrado en los «Protocolos de los Sabios de Sión».

Leamos lo que dice Caro: «En ... leo una carta atribuida por *Le Diable au Siécle XIX*, a Alberto Pike, en la cual el autor expone a: Mazzini el plan de ataque al catolicismo en Italia, para hacerlo buscar su último refugio en Rusia». Una vez más, se afirma que las cartas estarían en el British Museum mientras que «el plan atribuido a Pike está también en extracto en «Le Palladisme» de Margiotta, p. 186, publicado en 1895».

Lo que tenemos entonces es una cadena de referencias cruzadas que se citan unas a otras sin que nadie haya visto jamás la supuesta carta original.

En la obra de Gwynne podemos leer: «En el año 1896 apareció en París una curiosa publicación llamada «El diablo en el siglo XIX». Era un ataque a la masonería y salió en partes, ilustradas con grotescas y repulsivas imágenes. El nombre en la portada es Dr. Bataille, pero se afirma en los catálogos del Museo Británico que los verdaderos autores son Gabriel Jogand-Pages y Charles Hacks».

Aquí queda resuelta la pista de «la correspondencia en el Museo Británico», ya que las supuestas cartas nunca estuvieron en ese museo, sino que el libro «El diablo en el siglo XIX» era el que estaba catalogado en dicho museo. Como vemos, al seguir las pistas nos metemos en una especie de comedia de enredos, un teléfono descompuesto, muy divertido pero con poco fundamento ni seriedad.

  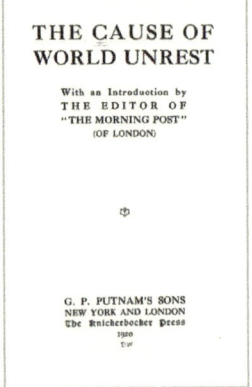

Las obras de William Guy Carr, José María Caro y Howell Arthur Gwynne
contribuyeron a la difusión del bulo de las cartas de Mazzini y Pike.

Todos los caminos conducen a Leo Táxil

Todo indica que el origen real de esta historia está en el libro *El diablo en el siglo XIX*, obra de Leo Táxil. En sus páginas encontramos las célebres cartas entre Pike y Mazzini, pero en ellas no se menciona ninguna guerra mundial, ni fascismo, ni nazismo. En cambio, se describe un plan de masones y comunistas para destruir a la Iglesia Católica. En el capítulo XXV, titulado «El plan de los Jefes secretos», dice Táxil lo siguiente:

«En los primeros días del mes de agosto de 1871, es decir, menos de un año después de la constitución del Palladismo (rito supremo), el «sabio pontífice luciferino», Albert Pike recibió de Mazzini una carta importante. El eje de acción política de la francmasonería universal invitaba al jefe supremo y dogmático de la secta a trazar un plan de campaña preciso con miras a la destrucción del catolicismo romano.

«La unidad de Italia —decía él— nunca ha sido considerada por nosotros como un fin, sino como un medio».

Albert Pike reunió entonces a diez de sus consejeros de las horas solemnes, los miembros del Serenísimo Gran Colegio de los Masones Eméritos, y sometió a su examen la cuestión planteada por su ilustre hermano Giuseppe Mazzini.

De esta reunión de las más altas luminarias de la secta infernal, nació un conciliábulo diabólico que duró siete días (del 9 al 15 de agosto), saliendo, deliberadamente redactado e inspirado, sin ninguna duda, por Satanás en persona, el siguiente documento» (y el autor incluye un texto donde se habla de la derrota del catolicismo en Italia promovida por la Masonería).

Por lo tanto, en este libro de 1895 no se hablaba ni de una primera, segunda ni tercera guerra mundial sino de un plan del rito supremo del paladismo (un invento de Táxil) para debilitar al catolicismo.

La figura de Táxil merece ser tratada en profundidad, pero para el propósito del presente artículo nos basta con saber que este personaje era un autor fervorosamente anticlerical que escribía libros escandalosos en contra de la Iglesia Católica. Sin embargo, en el año 1886, mágicamente, Leo Táxil anunció su arrepentimiento y su conversión, peregrinando a Roma donde se encontró con el papa León XIII, quien le concedió la absolución de sus pecados.

Leo Táxil

A partir de ese momento, Táxil dedicó todas sus energías a denunciar a la Masonería, escribiendo sobre rituales satánicos secretos y revelando al mundo la existencia de la secta «Palladium» que supuestamente movía los hilos del mundo y presentando a una alta dignataria luciferina llamada Diana Vaughan que le habría revelado todos sus crímenes.

Sin embargo, en 1897, en una célebre conferencia en la Sociedad Geográfica de París, Táxil confesó públicamente que todo había sido un montaje: ni Diana Vaughan existía, ni la secta Palladium, ni las cartas de Pike a Mazzini. La reacción fue tal que Táxil estuvo a punto de ser linchado por los católicos que antes lo habían aplaudido.

Vino nuevo en odres viejos

Pero si Táxil nunca habló de guerras mundiales, ¿de dónde salió entonces esa versión moderna con referencias a fascismo, nazismo, Israel e Islam? La pista nos lleva al año 2003, cuando Michael Haupt —un autor aficionado a las teorías de la conspiración— reformuló y «actualizó» el contenido de la carta, incorporando eventos históricos del siglo XX como si hubiesen sido predichos en 1871. Desde entonces, esta versión circula ampliamente por internet, sin ningún respaldo documental serio. En 1895 o 1925 no se podía hablar de guerras mundiales ni del Estado de Israel. Pero en 2003 —con el diario del lunes— bastaba con escribir una versión «profética» a medida del presente y presentarla como un documento olvidado.

Por lo tanto, los conspiranoicos -que no suelen ser muy rigurosos a la hora de aceptar nuevas informaciones que corroboren sus prejuicios-.dan la razón una vez más a Joseph Goebbels cuando decía que «una mentira repetida mil veces se termina convirtiendo en verdad».

¿Existen las conspiraciones? Por supuesto que sí, pero gran parte de las revelaciones que hacen los teóricos de la conspiración son tan caricaturescas, tan absurdas y tan mal fundamentadas que difícilmente pueden tomarse en serio.

Más que develar una verdad oculta, estas teorías reciclan viejas mentiras con ropajes nuevos.

Bibliografía consultada

Bataille, Doctor (Táxil, Leo): *Le diable au XIX siècle, ou Les mystères du spiritisme. La franc-maçonnerie luciférienne*. París, Delhomme et Briguet, 1896.

Caro, José María: E*l misterio de la masonería: Descorriendo el velo. Buenos Aires, Editorial Difusión, 1954.*

Carr, William Guy: *Pawns in the Game*. Toronto, Gadsby-Leak, 1955.

Carr, William Guy: *Satan Prince of this World*. Dauphin Publications, Wyoming, 2014.

Gwynne, Howell Arthur: *The Cause of the World Unrest. Nueva York, G.P. Puntnam Sons, 1920.*

Palacios, Rafael: *El sentido de la historia*. Madrid, Mandala Ediciones, 2017.

Giuseppe Mazzini y Albert Pike

David Suárez Dorta (Tenerife, 1971). Investigador y escritor. Formado como Diseñador Gráfico y Gestor Cultural. Ha trabajado en radio y prensa, así como educador y diseñador gráfico en varias empresas. Por otro lado, siempre ha sentido gran atracción por el mundo de la meditación, el simbolismo, el esoterismo y las sociedades secretas.

Actualmente es director de la revista *Cultura Masónica*, además dirige y presenta el programa de podcast *Biblioteca oculta*. Es autor de la conocida obra *Rosacruces, historia y personajes* (2019, Ed. Almuzara). También del libro *Misterios y mitos del pasado* (Ed. Delfos), donde recoge diversas visiones mitológicas y esotéricas sobre el origen del universo y el ser humano. En su trabajo *Historia del esoterismo en España* (Ed. Almuzara), hace un exhaustivo repaso por la presencia de agrupaciones iniciáticas y disciplinas herméticas en este país, desde la Antigüedad hasta nuestros días.

ANTIMASONERÍA

David Suárez Dorta

La masonería, como toda organización, tiene sus partidarios, sus detractores e inclusive aquellos a los que poco les importa la existencia de la misma. Eso es algo normal, pues con otras muchas organizaciones y colectivos pasa algo similar. El problema viene cuando se la acusa de casi cualquier cosa, sin prueba alguna. Es posible que eso provenga de tener algún prejuicio, alguna idea previa, normalmente alejada de la realidad.

De todas formas, se puede tener poco afecto o ninguno, incluso rechazo hacia ella. Por ejemplo, si a alguien no le gusta el ritualismo o que usen símbolos, pues tiene una causa justificada para rechazarla.

Mas, en relación con la visión negativa hacia esta organización, es curioso que cuando se la quiere acusar de algo, por lo general se le reprocha basándose en las ideas que sobre lo negativo tenga la persona o colectivo que emita tal condena.

Por ejemplo, si se es conservador, pues se la acusa de liberal o izquierdosa, así como que está en contra de las tradiciones e identidad de los pueblos. Si es desde el liberalismo, pues se la acusa de conservadora, socialdemócrata o comunista. Si la denuncia viene desde la izquierda más radical, pues se argumentará que es conservadora, burguesa, liberal y promotora del capitalismo más atroz. Si viene desde el anarquismo, pues que va en contra de la libertad de los seres humanos, ya que emite una forma de orden, aquel que el estado pretende ejercer sobre los individuos. Si viene de los antisistema, pues que es promotora de un nuevo orden mundial. Desde el catolicismo, se dirá que es defensora del protestantismo o el ateísmo. Desde el protestantismo, que es una forma de criptopaganismo, o también que es algo católico, ya que los jesuitas (o cualquier otro colectivo católico que venga bien) se infiltraron en ella para perpetuar secretamente el poder papal.

Podríamos seguir con muchos más ejemplos, tantos como posturas, ideas, filosofías y corrientes hay en el mundo. Lo curioso es que vamos a encontrar masones que podemos enmarcar en casi todas las tendencias sociales, políticas y religiosas, lo cual desmiente que exista una ideología que represente a la masonería. Aunque, eso mismo va a servir a aquellos que son contrarios a la Orden para justificar sus argumentos, pues siempre encontrarán ejemplos de personas que representen esas corrientes que detestan; no queriendo ver que también ha habido masones en el bando que ellos defienden.

En este sentido, un caso interesante fue que en la España de la primera parte del s. XIX, hubo varias sociedades secretas que se quisieron ver por las autoridades como formas de masonería, aunque no lo eran. Hablamos de Comuneros, Anilleros, Carbonarios, Club Italiano y Asociación Francesa, enfocadas todas a la intervención política[1]. La militancia de masones en tales sociedades facilitó que a estas se las viera como parte de la Orden. Añadamos que los Comuneros usaban la liturgia masónica, interpretada y ejecutada de forma ridícula, pues se dedicaban a representarla según a ellos les parecía[2]. En el caso de los Carbonarios, venidos desde Italia, sí que contaban con un ritual propio, y sus ceremonias tenían un carácter iniciático, mas la finalidad de este grupo era básicamente revolucionario, enfocado a conspirar para destruir todo lo referente al Antiguo Régimen; tal organización fue clave en la guerra de Unificación italiana.

Sin salir de nuestro país y en esa misma época, otro caso muy cacareado lo encontramos en las independencias de América. Por esos tiempos tenía presencia en España la masonería francesa, fruto de las invasiones napoleónicas, más vinculada a ideas político-sociales que iniciáticas. En esas logias fueron en la que se iniciaron algunos de los que luego encabezaron las independencias de los países de Hispanoamérica. Para ello, crearon una organización, llamada Logia Lautaro o Caballeros Racionales, cuyo centro estaba en Londres, denominada Gran Reunión Americana. Esta fue fundada por el general Francisco Miranda, con el propósito de establecer la revolución en Caracas y luego extenderla. No obstante, tal organización, aunque se inspiraba en la estructura de las logias masónicas, no era masonería. Realmente consistía en una sociedad secreta, más bien al estilo de los carbonarios, enfocada a la independencia de estos países a través de la acción política y sobre todo militar. Aún hoy, es común confundir a esas logias lautarinas con la masonería[3]. Esto se debe, en gran medida, a que una vez independizados estos países,

---

[1] GARCÍA-MUNICIO DE LUCAS, Ezequiel Ignacio - *Militares ilustrados, liberales y masones (de 1728 a 1936)* - Ed. MASONICA.

[2] DE LA CRUZ, Engel - *Comuneros. La revolución de Castilla* - Ed. Almuzara.

[3] FERRER BENIMELI, José Antonio - *La masonería* - Ed. Alianza Editorial.

varios de sus miembros se reconvirtieron como masones, e incluso continuaron con algunas de las consignas de la Logia Lautaro.

Otro caso fue que a finales del siglo XIX, la guerra en Cuba y Filipinas terminó con la salida de tales territorios del conjunto de España, junto a Puerto Rico, todo ello por injerencia de EE.UU. Desde muchos sectores del país se echó la culpa de la pérdida de esas provincias de ultramar a la masonería española, lo cual era totalmente falso. Esto produjo que las autoridades ordenaran cerrar las logias y detener a algunos de sus representantes. Al final, se les liberó y los talleres regresaron a la actividad. Aunque dichas circunstancias supusieron un impacto tal, que esta organización no volvería a contar con el gran número de miembros que había tenido hasta ese momento, y aquellos años dorados no se repetirían más.

Con todo esto, no es de extrañar que en nuestro país, esta organización tenga un gran estigma sobre sus hombros que aún hoy perdura, lo cual hace difícil historiografiarla. Tal como se afirma:

«El comienzo de la leyenda negra que esta institución lleva asociada en España surge prácticamente con sus inicios, circunstancia que dificulta en gran medida su estudio».[4]

A pesar de ello, muchos y muy buenos historiadores han logrado quitar la maleza que rodea a esta organización, y abrir camino para poder acceder a su historia y significados, logrando conocerla por lo que realmente es, y no tanto por lo que se dice que es.

Investigación masónica

Con lo que, el estudio de la historia de la masonería cuenta en España con una excelente salud[5]. Historiadores como los profesores José Antonio Ferrer Benimeli, Pedro Álvarez Lázaro, Enrique Menéndez Ureña, Manuel de Paz, Yvan Pozuelo, Raimón Arola, Pere Sánchez Ferré, Ezequiel Ignacio García-Municio de Lucas, Valeria Aguiar Bobet y otros muchos, han realizado una magnífica labor para comprender diferentes momentos de esta y sus pormenores, ayudando además a conocer parte de la cuestión interna y esotérica de la Orden.

De igual modo, también en España varios escritores, algunos incluso miembros de la masonería, han aportado con su pluma sobre los significados de la misma. Tales como Francisco Espinar Lafuente, Luis Umbert Santos, Javier Otaola, Amando Hurtado, Federico González Frías, Mª Ángeles

---

[4] GARCÍA-MUNICIO DE LUCAS, Ezequiel Ignacio - *Militares ilustrados, liberales y masones (de 1728 a 1936)* - Ed.MASONICA.
[5] POZUELO ANDRÉS, Yván - *Hacia una mirada holística de la historia. El ejemplo de la historiografía masónica española (1972-2022)* - Ed. MASONICA.

Díaz, Francisco Ariza, Ignacio Méndez-Trelles Díaz, Galo Sánchez-Casado, Alberto Moreno Moreno, Víctor Guerra, Joan-Francesc Pont Clemente, Josep-Lluís Domenech Gómez... ayudando a masones y al público en general a comprender de qué va esta organización.

Desde fuera de España, pero en nuestro mismo idioma, también han aportado otros como el italomexicano Aldo Lavagnini (1896-1963), así como el israelí de ascendencia chilena, León Seldiz Mandel. En Iberoamérica han surgido más escritores que han arrojado luz sobre este tema, aunque apenas han tenido repercusión en nuestra tierra, siendo prácticamente desconocidos; caso de Fermín Vale Amesti (Venezuela) o Antenor Dal Monte (Uruguay).

Del mismo modo, en España se han editado revistas accesibles al público en general, como *Cuadernos de la Gran Logia Simbólica Española*, de 1988 a 1990, que dirigía Juan Carlos Daza, autor, además, del *Diccionario Akal de Francmasonería*. También *Papeles de masonería*, desde 2007 a 2020. Resaltando la revista *Cultura Masónica*, que ha sabido mantenerse desde 2009 hasta hoy, de carácter monotemático, en la que escriben miembros y no masones.

Además, varias Obediencias, como la Gran Logia de España y la Gran Logia Simbólica Española, publican boletines y revistas para el público en general. Así como sus correspondientes Supremos Consejos editan revistas digitales con muy buenos contenidos. En todos los casos, tales publicaciones están disponibles en sus respectivas páginas webs y redes sociales.

Añadamos entidades como la Sección de Masonería del Archivo Histórico de Salamanca; el Centro de Estudios Históricos de la Masonería Española (CEHME), vinculado a la Universidad de Zaragoza; la Biblioteca Pública Arús de la ciudad de Barcelona; el Museo Virtual de Historia de la Masonería, dependiente de la UNED; en la Universidad Pontificia de Comillas, el grupo de investigación de Liberalismo, krausismo y Masonería; la Revista de Estudios Históricos de la Masonería Latinoamericana y Caribeña (REMHLAC), así como otros archivos, depósitos, departamentos universitarios y museos repartidos por todo el territorio.

Hay que incluir a lo dicho una gran cantidad de libros en castellano, tanto la que se produce aquí, la que llega de Hispanoamérica, así como la que se traduce de otros idiomas. De hecho, para la baja membrecía que tiene la Orden en nuestro país, se cuenta con una amplia y variada bibliografía dedicada a esta. La cual, además, ha mejorado la calidad y variedad de sus contenidos en las últimas décadas. Con lo que no hay excusas ni obstáculos a la hora de conocer todo lo referente a esta organización.

De los masones famosos a su realidad cotidiana

Un tema habitual en relación con esta Orden es que a ella han pertenecido personajes relevantes desde el siglo en que se fundó. Tales individuos representan diferentes ámbitos y sectores de la sociedad. Desde filósofos, escritores, actores y directores de cine, astronautas y responsables del programa espacial. De igual modo, han sido masones los responsables de muchas organizaciones, inventos e innovaciones, y por supuesto en el mundo del ocultismo y el esoterismo. Asimismo, hay muchísimos más individuos no tan conocidos, o que lo son en un ámbito más local, aunque su trabajo ha repercutido en el devenir de nuestra sociedad.

En el caso de España, también encontramos a personajes relevantes en diferentes ámbitos. Como ejemplos, en el de la medicina tenemos al premio Nobel Santiago Ramón y Cajal, y a Luis Simarro, responsable de introducir la psicología experimental en la universidad española. En la música a Tomás Bretón; los literatos Juan Ramón Jiménez y Vicente Blasco Ibañez; en el de la pintura a Juan Gris; en el de la aeronáutica a Ramón Franco Bahamonde (hermano del dictador); en el esoterismo a Enrique Llop Sala (más conocido como Kabaleb). Políticos como: Prim, Moret, Ruiz Zorrilla, Miguel Villalva Hervás, Sagasta, Manuel Azaña, Alejandro Lerroux, Martínez Barrio, Portela Valladares, Luis Companys, José Maldonado, Fernando Valera, Jerónimo Saavedra, Matilde Fernández Sanz, así como el que fuera Primer Ministro del Gobierno francés y concejal del Ayuntamiento de Barcelona, Manuel Valls. En el área de la pedagogía a Francisco Ferrer y Guardia. También al exbanquero Mario Conde, y la periodista Karmele Marchante.

En ocasiones, tanto en el caso de España como en el resto de mundo, se asocia a la Orden con ciertas personas famosas que no lo han sido[6], como: Jovellanos, Karl Marx, Benito Pérez Galdós, Robert Baden-Powell, Antoni Gaudí, Federico García Lorca, Joaquín Sorolla, Concepción Arenal, Martin Luther King, Antonio Machado, Walt Disney o Hugo Chaves Frías.

Por otro lado, el problema con la membrecía de tanto personaje importante, es que da la sensación de que solo pertenecen a esta una élite cultural, científica, económica y política. Lo cual no redunda sino en esa imagen de ser los que tienen el timón del poder en el planeta.

La realidad es que el grueso de los que han sido y son masones, está compuesto de personas bastante normalitas. El perfil del masón en el mundo suele ser el de individuos de mediana edad, amantes de la familia a los que les gusta quedar con los amigos para ritualizar, comer y pasar un buen rato con gente sana.

---

[6] MÉNDEZ-TRELLES DÍAZ, Ignacio - *Masonería velada en los sellos de España* - Ed. MASONICA.

De hecho, desde hace más de una década, en varios países en los que la masonería es más que centenaria, hacen por abrirse a la sociedad con documentales, entrevistas... donde presentan al tipo de sujeto que pertenece a ellos. El cual se parece más bien al vecino que vemos tirar la basura cada tarde, o al padre o madre que encontramos al recoger a los niños en la escuela. No son necesariamente grandes científicos, ni multimillonarios, ni magnates de las finanzas. La cosa es más convencional de lo que el gran público suele imaginar. El activo de la Orden, tal como ellos mismos afirman desde hace tiempo, no radica en la grandeza de personajes relevantes, sino en la suma de mucha gente común.

Añadamos que no son santos, ni tampoco parece que la masonería pretenda crear individuos perfectos. Tan solo personas que quieren mejorar como individuos en el ambiente más adecuado posible, y para ellos tal espacio es al calor de la logia.

El panorama actual

En lo tocante a la idea que se tiene de los masones, es interesante observar el perfil de sus miembros en nuestro país, unamos a lo dicho algunas cosas destacables. Lo primero es que entre ellos hay mujeres -como también en el resto de la masonería mundial-, que aunque en menor cantidad con respecto a los varones, son muchas más de las que nunca hubo en España. Aparte, vemos que el tipo de miembro de esta Orden no es exactamente un reflejo de la sociedad en general.

Esto lo sabemos gracias a que alguna Obediencia, en concreto la Gran logia de España, ha encargado realizar sociobarómetros cuyos resultados han publicado en sus redes y en la prensa.[7] En ellos se aprecia que hay unas características distintas a la media española. Predominan personas con titulación superior; profesionales liberales; un número importante no son seguidores de religiones establecidas, pero sí interesados en la espiritualidad... En definitiva, suponiendo que tal estudio se pueda extrapolar, aunque sea en parte, a otras Obediencias, el perfil de los masones en nuestro país marca una dirección de lo que serán algunas de las tendencias generales de la sociedad en un futuro próximo, al menos eso es lo que parece. ¿Será verdad que los masones –y los esoteristas en general– son la avanzadilla de la sociedad?

Por otro lado, encontramos que en España la cifra de miembros ronda en torno a los 4.500. Indicando que un número importante de estos son jubilados de países europeos, así como extranjeros que residen en nuestro país, del

---

7   https://gallery.mailchimp.com/4406fe7d64e95e62cb07ce8d9/files/f07ef94e-2fe1-4a33-bf13-53bb3416c145/VIIbarometro.pdf

mismo modo europeos como iberoamericanos. Nos encontramos, por ello, con un número casi ridículo, si lo comparamos con los países vecinos. En cifras estimadas a la baja, Inglaterra tiene unos 220.000; Francia, en torno a los 120.000; Italia, unos 40.000; Bélgica, más de 30.000; Alemania, unos 20.000; Rumanía, más de 30.000, y así podríamos continuar con otros ejemplos.

El motivo de tan bajo número de activos se debe, en primer lugar, a la mala imagen que siempre ha tenido en nuestro país esta Orden, la cual aún está presente. También a la falta de tradición y presencia durante el siglo XVIII y una parte importante del XX. Otra posible causa es la secularización de la sociedad, algo que no está relacionado directamente con la masonería, pero que ayuda al desinterés en todo tipo de tendencias espirituales, esta incluida.

Añadamos otra razón, a mi modo de ver relevante, que atañe no solo a la masonería y a otras organizaciones esotéricas, sino al tejido asociativo en general. Nos referimos al bajo nivel de asociacionismo que hay en el país y que ha sido una tónica en los últimos siglos. Este es un tema complejo, pues cuando comparamos los niveles de voluntariado y asociacionismo de España con otros países de la Unión Europea, la proporción es baja.

Sumemos la creciente propaganda que relaciona a la Orden con el poder económico mundial. La antimasonería que la asocia a los *Iluminati*. Un gobierno oculto de origen extraterrestre y malvado, que desde tiempo inmemorial conspira para llevar a nuestra humanidad hacia los más aciagos destinos. Esto no es sino una nueva versión modernizada del famoso contubernio judeo-masónico-comunista[8], que creó la policía zarista para justificar los problemas de su país. El cual luego los reaccionarios, fascistas y nazis cacarearon hasta que, como ya sabemos, se acabó con la muerte de miles de miembros de la Orden. Con la instauración de tales falacias como si fueran auténticas realidades, se puede comprender que muchas personas tengan miedo y prevención hacia la masonería.

Otro dato que salta a la vista, es que la presencia de logias no es similar en todo el territorio. La costa mediterránea, destacando Cataluña, se lleva la palma en cuanto al número de talleres. De hecho, las Obediencias con más miembros (Gran logia de España, Gran Logia Simbólica Española, Gran Logia Femenina de España...) albergan su sede en la ciudad de Barcelona, salvo el Supremo Consejo de 1811 (vinculado a la Gran Logia de España), que la tiene en Madrid. Esta comunidad autónoma también hace acopio de un número elevado de logias, aunque todavía inferior al de otras partes del territorio, a pesar de ser una de las más pobladas de España y la capital del Estado.

Igualmente, los dos archipiélagos cuentan con una notable presencia masónica. Por ejemplo, en la isla canaria de La Palma, con algo más de 80.000

---

[8] FERRER BENIMELI, J. A. - *El contubernio judeo-masónico-comunista* - Ed. Itsmo.

habitantes, opera una logia (Abora nº 87, de la Gran Logia de España) bien nutrida, que en septiembre de 2016 realizó el primer desfile de masones en nuestro país, los cuales recorrieron las principales calles de la capital de esta isla, Santa Cruz de La Palma, con más de 180 miembros venidos de toda España. Todos ellos ataviados con sus decoraciones masónicas, a la luz del día y ante los ojos asombrados de los isleños[9]. Sumemos a lo dicho, que en tal isla hay otro grupo menos nutrido, concretamente un Triángulo (dependiente de la Gran Logia Simbólica Española). Por contra, en algunas ciudades españolas, con más habitantes de los que tiene toda esa isla, no hay -ni prácticamente ha habido en la historia- presencia de talleres.

Tal circunstancia entronca con uno de los puntos que previamente enumeramos, el de la tradición. Pues, en general, donde hoy hay una presencia establecida de masones, es porque en el pasado, con anterioridad a la dictadura, también la hubo.

No queda sino esperar que se normalice más y mejor la presencia de masones en el territorio español. De igual modo, es de desear que también la imagen negativa, fruto de siglos de generar una leyenda negra, se atenúe, aunque siempre habrá quienes esgriman lo que haga falta para argumentar que la masonería es lo peor que le ha podido pasar a nuestro mundo.

---

[9] https://www.abc.es/espana/canarias/abci-180-miembros-masoneria-espanola-realizan-publico-primera-marcha-democracia-201609021349_noticia.html

DAVID SUÁREZ

HISTORIA *del* ESOTERISMO EN ESPAÑA

Un viaje revelador a través de los misterios y secretos que han moldeado la historia, la cultura y la espiritualidad de España, revelando conexiones ocultas que han perdurado a lo largo de los tiempos.

ALMUZARA

Desde tiempos inmemoriales, han existido organizaciones que se han entregado a la práctica de secretos cultos y misteriosos rituales. Conocidas como Escuelas Esotéricas, Sociedades Iniciáticas, Cultos Místéricos y bajo muchos otros nombres, estas entidades han dejado una profunda impronta en la historia de España. En las páginas de este libro, David Suárez nos guía por un fascinante viaje a través de las huellas dejadas por estas organizaciones en nuestro país y su impacto en la vida cultural, social y política. Desde las religiones místéricas de Isis, Cibeles y Mitra en la Antigüedad clásica hasta los cabalistas, sufíes, alquimistas, magos, masones, rosacruces, teósofos, martinistas y otras agrupaciones de este tipo.

NÚMEROS Y TEMAS ANTERIORES

(todos disponibles a la venta en papel y en formato digital)

Este número de la revista
C U L T U R A   M A S Ó N I C A
terminó de componerse en las colecciones
de la editorial MASONICA® en el día
22 de septiembre del año 2025.